Tomas Tranströmer

SAMLADE DIKTER 1954–1996

BONNIER POCKET

MIX
Papper från
ansvarsfulla källor
FSC® C100330

FSC
www.fsc.org

www.bonnierpocket.se

ISBN 978-91-7429-266-4

Bonnier Pocket 2011
Femte tryckningen
V-TAB Avesta 2012

17 DIKTER

1954

I . PRELUDIUM

Uppvaknandet är ett fallskärmshopp från drömmen.
Fri från den kvävande virveln sjunker
resenären mot morgonens gröna zon.
Tingen flammar upp. Han förnimmer – i dallrande lärkans
position – de mäktiga trädrotsystemens
underjordiskt svängande lampor. Men ovan jord
står – i tropiskt flöde – grönskan, med
lyftade armar, lyssnande
till rytmen från ett osynligt pumpverk. Och han
sjunker mot sommaren, firas ned
i dess bländande krater, ned
genom schakt av grönfuktiga åldrar
skälvande under solturbinen. Så hejdas
denna lodräta färd genom ögonblicket och vingarna breddas
till fiskgjusens vila över ett strömmande vatten.
Bronsålderslurens
fredlösa ton
hänger över det bottenlösa.

I dagens första timmar kan medvetandet omfatta världen
som handen griper en solvarm sten.
Resenären står under trädet. Skall,
efter störtningen genom dödens virvel,
ett stort ljus vecklas ut över hans huvud?

II . HÖSTLIG SKÄRGÅRD

STORM

Plötsligt möter vandraren här den gamla
jätteeken, lik en förstenad älg med
milsvid krona framför septemberhavets
svartgröna fästning.

Nordlig storm. Det är i den tid när rönnbärs-
klasar mognar. Vaken i mörkret hör man
stjärnbilderna stampa i sina spiltor
högt över trädet.

KVÄLL – MORGON

Månens mast har murknat och seglet skrynklas.
Måsen svävar drucken bort över vattnet.
Bryggans tunga fyrkant är kolnad. Snåren
dignar i mörkret.

Ut på trappan. Gryningen slår och slår i
havets gråstensgrindar och solen sprakar
nära världen. Halvkvävda sommargudar
famlar i sjörök.

OSTINATO

Under vråkens kretsande punkt av stillhet
rullar havet dånande fram i ljuset,
tuggar blint sitt betsel av tång och frustar
skum över stranden.

Jorden höljs av mörker som flädermössen
pejlar. Vråken stannar och blir en stjärna.
Havet rullar dånande fram och frustar
skum över stranden.

III

FEM STROFER TILL THOREAU

Ännu en har lämnat den tunga stadens
ring av glupska stenar. Kristallklart salt är
vattnet som slår samman kring alla sanna
flyktingars huvud.

I en långsam virvel har tystnad stigit
hit från jordens mitt, att slå rot och växa
och med yvig krona beskugga mannens
solvarma trappa.

*

Foten sparkar tanklöst en svamp. Ett åskmoln
växer stort vid randen. Likt kopparlurar
trädens krökta rötter ger ton och löven
skingras förskrämda.

Höstens vilda flykt är hans lätta kappa,
fladdrande tills åter ur frost och aska
lugna dagar kommit i flock och badar
klorna i källan.

*

Trodd av ingen går den som sett en geysir,
flytt från stenad brunn som Thoreau och vet att
så försvinna djupt i sitt inres grönska,
listig och hoppfull.

GOGOL

Kavajen luggsliten som en vargflock.
Ansiktet som en marmorflisa.
Sitter i kretsen av sina brev i lunden som susar
av hån och misstag,
ja hjärtat blåser som ett papper genom de ogästvänliga
passagerna.

Nu smyger solnedgången som en räv över detta land,
antänder gräset på ett ögonblick.
Rymden är full av horn och klövar och därunder
glider kaleschen skugglik mellan min faders
upplysta gårdar.

Petersburg beläget på samma breddgrad som förintelsen
(såg du den sköna i det lutande tornet)
och kring nedisade kvarter än svävar manetlikt
den arme i sin kappa.
Och här, insvept i fastor, är han som förr omgavs av
skrattens hjordar,
men de har för länge sedan begivit sig till trakter långt
ovanför trädgränsen.

Människors raglande bord.
Se ut, hur mörkret bränner fast en vintergata av själar.
Så stig upp på din eldvagn och lämna landet!

SKEPPARHISTORIA

Det finns barvinterdagar då havet är släkt
med bergstrakter, hukande i grå fjäderskrud,
en kort minut blått, långa timmar med vågor som bleka
lodjur, fåfängt sökande fäste i strandgruset.

En sådan dag går väl vraken ur havet och söker
sina redare, bänkade i stadens larm, och drunknade
besättningar blåser mot land, tunnare än piprök.

(I norr går de riktiga lodjuren, med vässta klor
och drömmande ögon. I norr där dagen
bor i en gruva både dag och natt.

Där den ende överlevande får sitta
vid norrskenets ugn och lyssna
till de ihjälfrusnas musik.)

STROF OCH MOTSTROF

Den yttersta kretsen är mytens. Där sjunker
rorgängaren upprätt
bland glittrande fiskryggar.
Hur långt från oss! När dagen
står i en kvav och vindlös oro –
som Kongos gröna skugga håller
blåmännen i sin dunst –
när all denna drivved på hjärtats trögt
slingrande flod
tornar upp sig.

Plötslig förändring: in under himlakropparnas vila
glider de tjudrade.
Med aktern högt, i hopplöst
läge, står skrovet av en dröm, svart
mot ljusrött kustband. Övergivna
störtar sig åren, snabbt
och ljudlöst – som slädskuggan, hundlik, stor,
far över snö,
hinner skogen.

UPPRÖRD MEDITATION

En storm får kvarnens vingar att vilt gå runt
i nattens mörker, malande intet. – Du
        hålls vaken utav samma lagar.
Gråhajens buk är din svaga lampa.

Diffusa minnen sjunker till havsens djup
och stelnar där till främmande stoder. – Grön
        av alger är din krycka. Den som
vandrar till havs vänder styvnad åter.

STENARNA

Stenarna som vi kastat hör jag
falla, glasklara genom åren. I dalen
flyger ögonblickets förvirrade
handlingar skränande från
trädtopp till trädtopp, tystnar
i tunnare luft än nuets, glider
som svalor från bergstopp
till bergstopp tills de
nått de yttersta platåerna
utmed gränsen för varat. Där faller
alla våra gärningar
glasklara
mot ingen botten
utom oss själva.

SAMMANHANG

Se det gråa trädet. Himlen runnit
genom dess fibrer ned i jorden –
bara en skrumpen sky är kvar när
jorden druckit. Stulen rymd
vrides i flätverket av rötter, tvinnas
till grönska. – De korta ögonblicken
av frihet stiger ur oss, virvlar
genom parcernas blod och vidare.

MORGON OCH INFART

Havstruten, solskepparen, styr sin väg.
Under honom är vattnet.
Nu slumrar ännu världen som en
mångfärgad sten i vattnet.
Outtydda dag. Dagar –
som aztekernas skrivtecken!

Musiken. Och jag står fångad
i dess gobeläng, med
höjda armar – lik en figur
ur allmogekonsten.

I DEN FORSANDE STÄVEN ÄR VILA

En vintermorgon förnimmes hur denna jord
vältrar sig fram. Mot husets väggar
smattrar ett luftdrag
ur det fördolda.

Omflutet av rörelse: stillhetens tält.
Och det hemliga rodret i flyttfågelsflocken.
Ur vinterdunklet
stiger ett tremulo

från dolda instrument. Det är som att stå
under sommarens höga lind, med tiotusen
insektvingars
dån över sitt huvud.

DYGNKANTRING

Stilla vaktar skogsmyran, ser i intet
in. Och intet hörs utom dropp från dunkla
lövverk och det nattliga sorlet djupt i
sommarens canyon.

Granen står som visaren på ett urverk,
taggig. Myran glöder i bergets skugga.
Fågel skrek! Och äntligen. Långsamt börjar
molnforan rulla.

IV . SÅNG

Den vita skaran växte: måsar trutar
i dräkt av segelduk från döda skepp
men fläckad av förbjudna kusters rökar.

Alarm alarm kring avfall från en skuta!
De trängdes tätt och bildade ett flaggspel
som signalerade »ett byte här«.

Och måsar styrde över vattenvidder
med blåa åkrar skridande i skummet.
Tvärs över gick en fosforväg mot solen.

Men i sin forntid färdas Väinämöinen
på havsvidd gnistrande i forntidsljus.
Han rider. Hästens hovar blir ej våta.

Och bakom honom: grön hans sångers skog.
Med eken i ett tusenårigt språng.
Den stora kvarnen drivs av fågelsång.

Och varje träd är fånge i sitt brus.
Med stora kottar glimmande i månljus
när utmarkstallen tändes som en fyr.

Då reser sig Den Andre med sin galdr
och pilen flyr vidöppet seende
med sång i fjädern som ett fågelsträck.

En död sekund när hästen styvnar tvärt
och rämnar över vattenlinjen som
ett blåmoln under åskans känselspröt.

Och Väinämöinen störtar tungt i havet
(ett brandsegel som väderstrecken spänner).
Alarm alarm bland måsarna vid fallet!

På samma sätt med den som utan ängslan
förhäxad står mitt i sin lyckas tavla
med elva sädeskärvar bugande.

Förtröstans alptopp nynnande i etern
tretusen meter högt där molnen seglar
ikapp. Den stinna brugden vältrar sig

i ljudlöst gapskratt under havets yta.
(Död och förnyelse när vågen kommer.)
Och vinden cyklar genom löven fridfullt.

Då trummar åskan dovt mot horisonten
(som buffelhjorden flyktar i sin rök).
En skuggas näve knyter sig i trädet

och störtar honom nu som står förhäxad
mitt i sin lyckas bild där kvällens himmel
syns glöda bak en vildsvinsmask av skyar.

Hans dubbelgångare blev avundsam
och träffar hemligt avtal med hans kvinna.
Och skuggan samlar sig och blir en flodvåg

en flodvåg mörk med måsar ridande.
Och babordshjärtat fräser i en bränning.
Död och förnyelse när vågen kommer.

Den vita skaran växte: måsar trutar
i dräkt av segelduk från döda skepp
men fläckad av förbjudna kusters rökar.

Gråtruten: en harpun med sammetsrygg.
I närbild som ett översnöat skrov
med dolda pulsar blixtrande i takt.

Hans flygarnerver i balans. Han svävar.
Han drömmer fotlöst hängande i vinden
sin jägardröm med näbbens skarpa skott.

Han dalar glupskutslagen ner mot ytan
och kränger sig kring rovet som en strumpa
med några ryck. Och lyfter som en ande.

(Förnyelsen är krafters sammanhang
mer gåtfulla än ålens vandringar.
Osynligt träd i blomning. Och liksom

en gråsäl i sin undervattenssömn
går upp till vattenytan, drar ett andetag
och dyker – alltjämt sovande – till bottnen

så har nu Slumraren inom mig hemligt
förenat sig med *det* och återvänt
medan jag stod med blicken fäst på annat.)

Och dieselmotorn dunkande i svärmen
förbi det mörka skäret, fågelskrevan
där hungern blommade med töjda gap.

Ännu vid mörkrets inbrott hördes de:
en ofullgångenhetsmusik som ur
orkesterdiket innan spelet börjat.

Men på sitt forntidshav drev Väinämöinen
ruskad i krabbsjöns vante eller utsträckt
i stiltjens spegelvärld där fåglarna

förstorades. Och ur ett spillfrö, långt
från land vid havets ände växande
ur vågor, ur en dimbank sköt det upp:

ett väldigt träd med fjällig stam och blad
helt genomskinliga och bakom dem
avlägsna solars fyllda vita segel

gled fram i trance. Och redan lyfter örnen.

KOMMENTAR:
Det mytiska inslaget kommer från Kalevalas sjätte sång.

V

ELEGI

Vid utgångspunkten. Som en stupad drake
i något kärr bland dis och dunster, ligger
vårt granskogsklädda kustland. Långt därute:
två ångare som ropar ur en dröm

i tjockan. Detta är den nedre världen.
Orörlig skog, orörlig vattenyta
och orkideens hand som sträcks ur myllan.
På andra sidan, bortom denna farled

men hängande i samma spegling: Skeppet,
som molnet tyngdlöst hänger i sin rymd.
Och vattnet kring dess stäv är orörligt,
i stiltje lagt. Och ändå stormar det!

och fartygsröken blåser vågrätt ut –
där fladdrar solen i dess grepp – och blåsten
står hårt mot ansiktet på den som bordar.
Att ta sig uppför Dödens babordssida.

Ett plötsligt korsdrag och gardinen fladdrar.
Tystnaden ringer som en väckarklocka.
Ett plötsligt korsdrag och gardinen fladdrar.
Tills avlägset en dörr hörs slå igen

långt borta i ett annat år.

*

O marker grå som Bockstensmannens kapprock!
Och ön som svävar mörk i vattenröken.
Det råder stillhet som när radarn svänger
sitt varv på varv i övergivenhet.

Det finns en korsväg i ett ögonblick.
Distansernas musik har sammanströmmat.
Allt sammanvuxet till ett yvigt träd.
Försvunna städer glittrar i dess grenverk.

Från överallt och ingenstans det spelar
som syrsor i augustimörkret. Insprängd
som timmerbaggen, slumrar här i natten
torvmossens dräpte färdman. Saven driver

hans tanke upp mot stjärnorna. Och djupt
i berget: här är flädermössens grotta.
Här hänger åren, gärningarna tätt.
Här sover de med sammanfällda vingar.

En dag skall dessa flyga ut. Ett vimmel!
(På avstånd som en rök ur grottans mynning.)
Men ännu råder sommarvintersömnen.
På avstånd vattensorl. I mörka trädet

ett löv som vänder sig.

*

En sommarmorgon fastnar bondens harv
i döda ben och klädestrasor. – Han
låg alltså kvar när torvmossen dränerats
och står nu upp och går sin väg i ljuset.

I varje härad virvlar gyllne frön
kring gammal skuld. Den pansarklädda skallen
i åkerjord. En vandringsman på vägen
och berget följer honom med sin blick.

I varje härad sorlar skyttens rör
vid midnattstid när vingarna slår ut
och det förflutna växer i sin störtning
och mörkare än hjärtats meteorsten.

En andens bortvändhet gör skriften glupsk.
En flagga börjar smälla. Vingarna
slår ut kring rovet. Denna stolta färd!
där albatrossen åldras till ett moln

i Tidens gap. Kulturen är en valfångst-
station, där främlingen på promenad
bland vita husgavlar och barn som leker
ändå med varje andetag förnimmer

den dräpte jättens närvaro.

*

Lätt återkastas himlasfärers orrspel.
Musiken, skuldfri i vår skugga, som
fontänens vatten stiger mellan vilddjur,
konstrikt förstenade kring vattenstrålen.

Med stråkarna förklädda till en skog.
Med stråkarna som riggen i ett störtregn –
kajutan vräks under ett störtregns hovar –
och innerst, i kardanupphängning, glädjen.

I afton återspeglas världens stiltje,
när stråkarna satts an men inte rörs.
Orörliga i dimman skogens träd
och vattentundran speglande sig själv.

Musikens stumma hälft är här, som doften
av kåda står kring åskskadade granar.
En underjordisk sommar hos var man.
Där lösgör sig, vid korsvägen, en skugga

och spränger bort i bachtrumpetens riktning.
Av nåd ges plötslig tillförsikt. Att lämna
sin jagförklädnad kvar på denna strand,
där vågen slår och sjunker undan, slår

och sjunker undan.

KOMMENTAR:

Bockstensmannen. Sommaren 1936 påträffades i Bockstens mosse i Halland liket av en man som bragts om livet vid mitten av 1300-talet. Dräkten var fullständigt bevarad tack vare humussyrorna. Två pålar hade slagits genom liket för att den döde inte skulle gå igen.

EPILOG

December. Sverige är ett uppdraget,
avtacklat skepp. Mot skymningshimlen står
dess master kärvt. Och skymning varar längre
än dag – den väg som leder hit är stenig:
vid middagstiden först når ljuset fram
och vinterns colosseum reser sig,
belyst från overkliga moln. Då stiger
med ens den vita röken svindlande
från byarna. Oändligt högt står molnen.
Vid himmelsträdets rötter bökar havet,
förstrött och liksom lyssnande till något.
(Osynligt färdas över själens mörka,
bortvända hälft en fågel, väckande
de sovande med sina rop. Så vrids
refraktorn, fångar in en annan tid,
och det är sommar: bergen råmar, stinna
av ljus och bäcken lyfter solens glitter
i genomskinlig hand... Allt sedan borta
som när en filmremsa går av i mörkret.)

Nu genombränner aftonstjärnan molnet.
Träd, gärdsgårdar och hus förstoras, växer
i mörkrets ljudlöst störtande lavin.
Och under stjärnan framkallas alltmer
det andra, dolda landskapet som lever
konturers liv på nattens röntgenplåt.
En skugga drar sin kälke mellan husen.
De väntar.

Klockan 18 kommer vinden
och spränger fram med dån på bygatan,
i mörkret, som en ryttarskara. Hur
den svarta oron spelar och förklingar!
I orörlighetsdans står husen fångna,
i detta brus som liknar drömmens. Vindstöt
på vindstöt flackar över viken bort
mot öppna sjön som kastar sig i mörkret.
I rymden flaggar stjärnorna förtvivlat.
De tänds och släcks av moln som flyger fram,
som bara när de skymmer ljusen röjer
sin existens, likt det förflutnas moln
som jagar kring i själarna. När jag
passerar stallväggen hörs genom dånet
den sjuka hästens stamp därinifrån.
Och det är uppbrottet i stormen, vid
en trasig grind som slår och slår, en lykta
som slänger från en hand, ett djur som kacklar
förskräckt i berget. Uppbrott när det mullrar

som åskan över fähustaken, brummar
i telefontrådarna, visslar gällt
i tegelpannorna på nattens tak
och trädet hjälplöst kastar sina grenar.

Det lösgör sig en ton av säckpipor!
En ton av säckpipor som tågar fram,
befriande. En procession. En skog på marsch!
Det forsar kring en stäv och mörkret rör sig,
och land och vatten färdas. Och de döda,
som har gått under däck, de är med oss,
med oss på väg: en sjöresa, en vandring
som inte är ett jagande men trygghet.

Och världen river ständigt upp sitt tält
på nytt. En sommardag tar vinden fatt
i ekens rigg och slungar Jorden framåt.
Näckrosen paddlar med sin dolda simfot
i tjärnens mörka famn som är på flykt.
Ett flyttblock rullar bort i rymdens hallar.
I sommarskymningen ses öar lyfta
vid horisonten. Gamla byar är
på väg, drar in i skogarna alltlängre
på årstidernas hjul med skatans gnissling.
När året sparkar av sig stövlarna,
och solen klänger högre, lövas träden
och fylls av vind och seglar fram i frihet.
Vid bergets fot står barrskogsbränningen,

men sommarns långa, ljumma dyning kommer,
drar genom trädens toppar sakta, vilar
ett ögonblick och sjunker åter undan –
avlövad kust står kvar. Och slutligen:
Guds ande är som Nilen: översvämmar
och sjunker i en rytm som har beräknats
i texterna från skilda tidevarv.
Men Han är också oföränderlig
och därför sällan observerad här.
Han korsar processionens väg från sidan.

Som fartyget passerar genom dimman
utan att dimman märker något. Tystnad.
Lanternans svaga ljussken är signalen.

HEMLIGHETER PÅ VÄGEN

1958

I

SVENSKA HUS ENSLIGT BELÄGNA

Ett virrvarr av svarta granar
och rykande månstrålar.
Här ligger torpet sänkt
och det tycks utan liv.

Tills morgondaggen sorlar
och en åldring öppnar
– med darrande hand –
fönstret och släpper ut en uv.

Och i ett annat väderstreck
står nybygget och ångar
med lakanstvättens fjäril
fladdrande vid knuten

mitt i en döende skog
där förmultningen läser
genom glasögon av sav
barkborrarnas protokoll.

Sommar med linhåriga regn
eller ett enda åskmoln
över en hund som skäller.
Fröet sparkar i jorden.

Upprörda röster, ansikten
flyger i telefontrådarna
på förkrympta snabba vingar
över myrmarkernas mil.

Huset på en ö i älven
ruvande sina grundstenar.
En ständig rök – man bränner
skogens hemliga papper.

Regnet vänder i himlen.
Ljuset slingrar i älven.
Hus på branten övervakar
vattenfallets vita oxar.

Höst med en liga av starar
som håller gryningen i schack.
Människorna rör sig stelt
på lampskenets teater.

Låt dem känna utan ängslan
de kamouflerade vingarna
och Guds energi
hoprullad i mörkret.

HAN SOM VAKNADE AV SÅNG ÖVER TAKEN

Morgon, majregn. Staden är ännu stilla
som en fäbod. Gatorna stilla. Och i
himlen mullrar blågrönt en flygplansmotor. –
Fönstret är öppet.

Drömmen där den sovande ligger utsträckt
blir då genomskinlig. Han rör sig, börjar
treva efter uppmärksamhetens verktyg –
nästan i rymden.

VÄDERTAVLA

Oktoberhavet blänker kallt
med sin ryggfena av hägringar.

Ingenting är kvar som minns
kappseglingarnas vita yrsel.

En bärnstensdager över byn.
Och alla ljud i långsam flykt.

Ett hundskalls hieroglyf står målad
i luften över trädgården

där den gula frukten överlistar
trädet och låter sig falla.

DE FYRA TEMPERAMENTEN

Rannsakande ögat förvandlar solstrålarna till polisbatonger.
Och på kvällen: glammet från en fest i våningen inunder
skjuter upp som overkliga blommor genom golvet.

For på slätten. Mörker. Vagnen tycktes ej komma ur fläcken.
En anti-fågel skriade i stjärntomhet.
Albinosolen stod över kastande mörka sjöar.

*

En man som ett uppryckt träd med kraxande löv
och en blixt i givakt såg den vilddjursdoftande
solen slå upp bland smattrande vingar på världens

klippö forsande fram bakom fanor av skum genom natt
och dag med vita sjöfåglar skränande
på däcket och alla med biljett till Kaos.

*

Det är bara att blunda så hör man tydligt
måsarna ringa söndag över havets oändliga socken.
En gitarr börjar knäppa i snåret och molnet vandrar

långsamt som den sena vårens gröna släde
– med det gnäggande ljuset förspänt –
kommer glidande på isen.

*

Vaknade med väninnans klackar smällande i drömmen
och utanför två snödrivor som vinterns kvarglömda handskar
medan flygblad från solen dråsade över staden.

Vägen tar aldrig slut. Horisonten skyndar framåt.
Fåglarna skakar i trädet. Dammet yr kring hjulen.
Alla rullande hjul som motsäger döden!

CAPRICHOS

Det mörknar i Huelva: sotiga palmer
och tågvisslingens ilande
silvervita fladdermöss.

Gatorna har uppfyllts av människor.
Och damen som skyndar i trängseln väger försiktigt
det sista dagsljuset på sina ögons våg.

Kontorets fönster öppna. Ännu hörs
hur hästen trampar därinne.
Den gamla hästen med stämplarnas hovar.

Först efter midnatt blir gatorna tomma.
Det är äntligen blått på alla kontor.

Där uppe i rymden:
travande tyst, gnistrande och svart,
osedd och obunden,
med ryttaren avkastad:
en ny stjärnbild som jag kallar »Hästen«.

II

SIESTA

Stenarnas pingst. Och med sprakande tungor...
Staden utan tyngd i middagstimmans rymd.
Gravläggning i sjudande ljus. Trumman som överröstar
den innelåsta evighetens bultande nävar.

Örnen stiger och stiger över de sovande.
Sömn där kvarnhjulet vänder sig som åskan.
Tramp från hästen med bindel för ögonen.
Den innelåsta evighetens bultande nävar.

De sovande hänger som lod i tyrannernas klocka.
Örnen driver död i solens strömmande vita fors.
Och ekande i tiden – som i Lasarus' kista –
den innelåsta evighetens bultande nävar.

IZMIR KLOCKAN TRE

Strax framför på den nästan tomma gatan
två tiggare, den ene utan ben –
han bars omkring på ryggen av den andre.

De stod – som på en midnattsväg ett djur
står bländat stirrande i bilens lyktor –
ett ögonblick och fortsatte att gå

och rörde sig som pojkar på en skolgård
snabbt över gatan medan middagshettans
myriader klockor tickade i rymden.

Blått gled förbi på redden, flimrande.
Svart kröp och krympte, stirrande ur sten.
Vitt blåste upp till storm i ögonen.

När klockan tre var trampat under hovar
och mörkret bultade i ljusets vägg
låg staden krypande vid havets dörr

och glimmande i gamens kikarsikte.

III

HEMLIGHETER PÅ VÄGEN

Dagsljuset träffade ansiktet på en som sov.
Han fick en livligare dröm
men vaknade ej.

Mörkret träffade ansiktet på en som gick
bland de andra i solens starka
otåliga strålar.

Det mörknade plötsligt som av ett störtregn.
Jag stod i ett rum som rymde alla ögonblick –
ett fjärilsmuseum.

Och ändå solen lika starkt som förut.
Dess otåliga penslar målade världen.

SPÅR

På natten klockan två: månsken. Tåget har stannat
mitt ute på slätten. Långt borta ljuspunkter i en stad,
flimrande kallt vid synranden.

Som när en människa gått in i en dröm så djupt
att hon aldrig ska minnas att hon var där
när hon återvänder till sitt rum.

Och som när någon gått in i en sjukdom så djupt
att allt som var hans dagar blir några flimrande punkter,
en svärm,
kall och ringa vid synranden.

Tåget står fullkomligt stilla.
Klockan två: starkt månsken, få stjärnor.

KYRIE

Ibland slog mitt liv upp ögonen i mörker.
En känsla som om folkmassor drog genom gatorna
i blindhet och oro på väg till ett mirakel,
medan jag osynligt förblir stående.

Som barnet somnar in med skräck
lyssnande till hjärtats tunga steg.
Långt, långt tills morgonen sätter strålarna i låsen
och mörkrets dörrar öppnar sig.

IV

(Om ett fotografi av en 1500-talsrelief
i brons från negerriket Benin,
föreställande en portugisisk jude.)

EN MAN FRÅN BENIN

Då mörkret föll var jag stilla
men min skugga bultade
mot hopplöshetens trumskinn.
När slagen började dö bort
såg jag bilden av en bild
av en man som trädde fram
på den sida av det tomma
som låg uppslagen.
Som att gå förbi ett hus
övergivet sedan länge
och någon visar sig i fönstret.
En främling. Han var lotsen.
Han tycktes uppmärksam.
Kom närmare utan ett steg.
I en hatt som kupade sig
härmande vår hemisfär
med brättet vid ekvatorn.
Håret delat i två fenor.
Skägget hängde krusat
som vältalighet kring munnen.
Han höll högra armen böjd.
Den var smal som ett barns.

Den falk som skulle haft sin plats
på hans arm växte fram
i hans anletsdrag.
Han var ambassadören.
Avbruten mitt i ett tal
som tystnaden fortsätter
med än starkare makt.
Tre stammar teg i honom.
Han var tre folks bild.
En jude från Portugal,
bortseglad med de andra,
de drivande och bidande,
den hopkrupna flocken
i karavellen som var
deras gungande trämoder.
Landstigen i en främmande doft
som gjorde luften luden.
Iakttagen på marknadsplatsen
av negern-gjutkonstnären.
Länge i hans ögons karantän.
Återfödd i metallens ras:
»Jag är kommen för att möta
den som höjer upp sin lykta
för att se sig själv i mig.«

BALAKIREVS DRÖM
(1905)

Den svarta flygeln, den glänsande spindeln
stod darrande mitt i sitt nät av musik.

I konsertsalen tonades fram ett land
där stenarna inte var tyngre än dagg.

Men Balakirev somnade under musiken
och drömde en dröm om tsarens droska.

Den rullade fram över kullerstenar
rakt in i det kråkkraxande mörka.

Han satt ensam inne i vagnen och såg
men sprang ändå bredvid på vägen.

Han visste att resan hade varat länge
och hans klocka visade år, inte timmar.

Det var ett fält där plogen låg
och plogen var en fågel som störtat.

Det var en vik där fartyget låg
infruset, släckt, med folk på däcket.

Droskan gled dit över isen och hjulen
spann och spann med ett ljud av silke.

Ett mindre krigsfartyg: »Sevastopol«.
Han var ombord. Besättningsmän kom fram.

»Du slipper dö om du kan spela.«
De visade ett egendomligt instrument.

Det liknade en tuba, eller en fonograf,
eller en del av någon okänd maskin.

Stelrädd och hjälplös förstod han: det är
det instrument som driver örlogsskeppen.

Han vände sig mot den närmaste matrosen,
tecknade förtvivlat med handen och bad:

»gör korstecknet som jag, gör korstecknet!«
Matrosen stirrade sorgset som en blind,
sträckte ut armarna, huvudet sjönk ned –
han hängde liksom fastspikad i luften.

Trummorna slog. Trummorna slog. Applåder!
Balakirev vaknade upp ur sin dröm.

Applådernas vingar smattrade i salen.
Han såg mannen vid flygeln resa sig upp.

Ute låg gatorna mörklagda av strejken.
Droskorna rullade hastigt i mörkret.

KOMMENTAR:

Milij Balakirev 1837–1910, rysk tonsättare.

V

EFTER ANFALL

Den sjuka pojken.
Fastlåst i en syn
med tungan styv som ett horn.

Han sitter med ryggen vänd mot tavlan med sädesfältet.
Bandaget kring käken för tanken till balsamering.
Hans glasögon är tjocka som en dykares. Och allting är
utan svar
och häftigt som när telefonen ringer i mörkret.

Men tavlan bakom. Det är ett landskap som ger ro fast
säden är en gyllene storm.
Blåeldsblå himmel och drivande moln. Därunder i det
gula svallet
seglar några vita skjortor: skördemän – de kastar inga
skuggor.

Det står en man långt borta på fältet och tycks se hitåt.
En bred hatt skymmer hans ansikte.
Han tycks betrakta den mörka gestalten här i rummet,
kanske till hjälp.

Omärkligt har tavlan börjat vidga sig och öppnas bakom
den sjuke
och försjunkne. Det gnistrar och hamrar. Varje ax är tänt
som för att väcka honom!
Den andre – i säden – ger ett tecken.

Han har närmat sig.
Ingen ser det.

VI

RESANS FORMLER
(Från Balkan -55)

I

Ett sorl av röster efter plöjaren.
Han ser sig inte om. De tomma fälten.
Ett sorl av röster efter plöjaren.
En efter en gör skuggorna sig loss
och störtar in i sommarhimlens avgrund.

II

Det kommer fyra oxar under himlen.
Ingenting stolt hos dem. Och dammet tätt
som ylle. Insekternas pennor raspar.

Ett vimlande av hästar, magra som
på grå allegorier över pesten.
Ingenting milt hos dem. Och solen yr.

III

Stalldoftande byn med smala hundar.
Partiets funktionär på marknadstorget
i stalldoftande byn med vita hus.

Hans himmel följer honom: det är högt
och trångt som inuti en minaret.
Vingsläpande byn på bergets sluttning.

IV

Ett gammalt hus har skjutit sig för pannan.
Två pojkar sparkar boll i skymningen.
En svärm av snabba ekon. – Plötsligt stjärnklart.

V

På väg i det långa mörkret. Envist skimrar
mitt armbandsur med tidens fångna insekt.

Den fullsatta kupén är tät av stillhet.
I mörkret strömmar ängarna förbi.

Men skrivaren är halvvägs i sin bild
och färdas där på en gång mullvad och örn.

DEN HALVFÄRDIGA HIMLEN

1962

I

PARET

De släcker lampan och dess vita kupa skimrar
ett ögonblick innan den löses upp
som en tablett i ett glas mörker. Sedan lyftas.
Hotellets väggar skjuter upp i himmelsmörkret.

Kärlekens rörelser har mojnat och de sover
men deras hemligaste tankar möts
som när två färger möts och flyter in i varann
på det våta papperet i en skolpojksmålning.

Det är mörkt och tyst. Men staden har ryckt närmare
i natt. Med släckta fönster. Husen kom.
De står i hopträngd väntan mycket nära,
en folkmassa med uttryckslösa ansikten.

TRÄDET OCH SKYN

Det går ett träd omkring i regnet,
skyndar förbi oss i det skvalande grå.
Det har ett ärende. Det hämtar liv ur regnet
som en koltrast i en fruktträdgård.

Då regnet upphör stannar trädet.
Det skymtar rakt, stilla i klara nätter
i väntan liksom vi på ögonblicket
då snöflingorna slår ut i rymden.

ANSIKTE MOT ANSIKTE

I februari stod levandet still.
Fåglarna flög inte gärna och själen
skavde mot landskapet så som en båt
skaver mot bryggan den ligger förtöjd vid.

Träden stod vända med ryggen hitåt.
Snödjupet mättes av döda strån.
Fotspåren åldrades ute på skaren.
Under en presenning tynade språket.

En dag kom någonting fram till fönstret.
Arbetet stannade av, jag såg upp.
Färgerna brann. Allt vände sig om.
Marken och jag tog ett språng mot varann.

KLANGEN

Och trasten blåste på de dödas ben med sin sång.
Vi stod under ett träd och kände tiden sjunka och sjunka.
Kyrkogården och skolgården möttes och vidgades i varann
som två strömmar i havet.

Kyrkklockornas klang gick till väders buren av segelflyg-
planens milda hävarm.
De lämnade kvar en väldigare tystnad på jorden
och ett träds lugna steg, ett träds lugna steg.

GENOM SKOGEN

En plats som kallas Jakobs kärr
är sommardagens källare
där ljuset surnar till en dryck
som smakar ålderdom och slum.

De svaga jättarna står snärjda
tätt så ingenting kan falla.
Den knäckta björken multnar där
i upprätt ställning som en dogm.

Från skogens botten stiger jag.
Det ljusnar mellan stammarna.
Det regnar över mina tak.
Jag är en stupränna för intryck.

I skogsbrynet är luften ljum. –
Stora gran, bortvänd och mörk
vars mule gömd i jordens mull
dricker skuggan av ett regn.

NOVEMBER MED SKIFTNINGAR AV ÄDELT PÄLSVERK

Just det att himlen är så grå
får marken själv att börja lysa:
ängarna med sitt skygga gröna,
den paltbrödsmörka åkerjorden.

Det finns en ladas röda vägg.
Och det finns marker under vatten
som blanka risfält i ett Asien –
där stannar måsarna och minns.

Disiga tomrum mitt i skogen
som klingar sakta mot varann.
Inspiration som lever skymd
och flyr i skogen som Nils Dacke.

II

RESAN

På tunnelbanestationen.
En trängsel bland plakat
i ett stirrande dött ljus.

Tåget kom och hämtade
ansikten och portföljer.

Mörkret nästa. Vi satt
som stoder i vagnarna
som halades i hålorna.
Tvång, drömmar, tvång.

På stationer under havsnivån
sålde man mörkrets nyheter.
Folk var i rörelse, sorgset,
tyst under urtavlorna.

Tåget förde med sig
ytterkläder och själar.

Blickar i alla riktningar
på resan genom berget.
Ingen förändring ännu.

Men närmare ytan började
frihetens humlor surra.
Vi steg ur jorden.

Landet slog med vingarna
en gång och blev stilla
under oss, vidsträckt och grönt.

Sädesax blåste in
över perrongerna.

Slutstationen! Jag följde
med bortom slutstationen.

Hur många var med? Fyra,
fem, knappast flera.

Hus, vägar, skyar,
blå fjärdar, berg
öppnade sina fönster.

C-DUR

När han kom ner på gatan efter kärleksmötet
virvlade snö i luften.
Vintern hade kommit
medan de låg hos varann.
Natten lyste vit.
Han gick fort av glädje.
Hela staden sluttade.
Förbipasserande leenden –
alla log bakom uppfällda kragar.
Det var fritt!
Och alla frågetecken började sjunga om Guds tillvaro.
Så tyckte han.

En musik gjorde sig lös
och gick i yrande snö
med långa steg.
Allting på vandring mot ton C.
En darrande kompass riktad mot C.
En timme ovanför plågorna.
Det var lätt!
Alla log bakom uppfällda kragar.

DAGSMEJA

Morgonluften avlämnade sina brev med frimärken som
glödde.
Snön lyste och alla bördor lättade – ett kilo vägde 700 gram
inte mer.

Solen fanns högt över isen flygande på stället både varm
och kall.
Vinden gick fram sakta som om den sköt en barnvagn
framför sig.

Familjerna gick ut, de såg öppen himmel för första gången
på länge.
Vi befann oss i första kapitlet av en mycket stark berättelse.

Solskenet fastnade på alla pälsmössor som frömjöl på
humlorna
och solskenet fastnade på namnet VINTER och satt kvar där
tills vintern var över.

Ett stilleben av timmerstockar på snön gjorde mig tankfull.
Jag frågade dem:
»Följer Ni med till min barndom?« De svarade »ja«.

Inne bland snåren hördes ett mummel av ord på ett nytt
språk:
vokalerna var blå himmel och konsonanterna var svarta
kvistar och det talade så sakta över snön.

Men reaplanet nigande i sitt dåns kjolar
fick tystnaden på jorden att växa i styrka.

NÄR VI ÅTERSÅG ÖARNA

När båten nalkas därute
kommer ett slagregn och gör den blind.
Kvicksilverkulorna ryser på vattnet.
Det blågrå lägger sig ner.

Havet finns också i stugorna.
En strimma i farstuns mörker.
Tunga steg på övervåningen
och kistor med nystrukna leenden.
En indisk orkester av kopparkärl.
En baby med ögon i sjögång.

(Regnet börjar försvinna.
Röken tar några stapplande steg
i luften över taken.)

Här följer mera
som är större än drömmar.

Stranden med alarnas kyffen.
Ett plakat med påskriften KABEL.
Den gamla ljungheden lyser
för någon som kommer flygande.

Bakom klipporna rika tegar
och fågelskrämman vår utpost
som vinkar färgerna till sig.

En alltid ljus förvåning
när ön räcker ut en hand
och drar mig upp ur sorgsenhet.

FRÅN BERGET

Jag står på berget och ser över fjärden.
Båtarna vilar på sommarens yta.
»Vi är sömngångare. Månar på drift.«
Så säger de vita seglen.

»Vi smyger genom ett sovande hus.
Vi skjuter sakta upp dörrarna.
Vi lutar oss mot friheten.«
Så säger de vita seglen.

En gång såg jag världens viljor segla.
De höll samma kurs – en enda flotta.
»Vi är skingrade nu. Ingens följe.«
Så säger de vita seglen.

III

ESPRESSO

Det svarta kaffet på uteserveringen
med stolar och bord granna som insekter.

Det är dyrbara uppfångade droppar
fyllda med samma styrka som Ja och Nej.

Det bärs fram ur dunkla kaféer
och ser in i solen utan att blinka.

I dagsljuset en punkt av välgörande svart
som snabbt flyter ut i en blek gäst.

Det liknar dropparna av svart djupsinne
som ibland fångas upp av själen,

som ger en välgörande stöt: Gå!
Inspiration att öppna ögonen.

IV

PALATSET

Vi steg in. En enda väldig sal,
tyst och tom, där golvets yta låg
som en övergiven skridskois.
Alla dörrar stängda. Luften grå.

Målningar på väggarna. Man såg
bilder livlöst myllra: sköldar, våg-
skålar, fiskar, kämpande gestalter
i en dövstum värld på andra sidan.

En skulptur var utställd i det tomma:
ensam mitt i salen stod en häst,
men vi märkte honom inte först
när vi fångades av allt det tomma.

Svagare än suset i en snäcka
hördes ljud och röster ifrån staden
kretsande i detta öde rum,
sorlande och sökande en makt.

Också något annat. Något mörkt
ställde sig vid våra sinnens fem
trösklar utan att gå över dem.
Sanden rann i alla tysta glas.

Det var dags att röra sig. Vi gick
bort mot hästen. Den var jättelik,
svart som järn. En bild av makten själv
som blev kvar när furstarna gått bort.

Hästen talade: »Jag är den Ende.
Tomheten som red mig har jag kastat.
Detta är mitt stall. Jag växer sakta.
Och jag äter tystnaden härinne.«

SYROS

I Syros' hamn låg överblivna handelsfartyg i väntan.
Stäv vid stäv vid stäv. Förtöjda sedan flera år:
CAPE RION, Monrovia.
KRITOS, Andros.
SCOTIA, Panama.

Mörka tavlor på vattnet, man har hängt undan dem.

Som leksaker från vår barndom som vuxit till jättar
och anklagar oss
för det vi aldrig blev.

XELATROS, Pireus.
CASSIOPEJA, Monrovia.
Havet har läst färdigt dem.

Men när vi första gången kom till Syros, det var om natten,
vi såg stäv vid stäv vid stäv i månskenet och tänkte:
vilken mäktig flotta, lysande förbindelser!

I NILDELTAT

Unga frun grät rätt ner i sin mat
på hotellet efter en dag i staden
där hon såg de sjuka som kröp och låg
och barn som måste dö för nöds skull.

Hon och mannen gick upp på sitt rum
där man stänkt vatten för att binda all smuts.
De gick i var sin säng utan många ord.
Hon föll i en tung sömn. Han låg vaken.

Ute i mörkret rann ett stort larm förbi.
Sorl, tramp, rop, vagnar, sång.
Det gick i nöd. Det höll aldrig upp.
Och han somnade in krökt i ett nej.

Det kom en dröm. Han var på en sjöresa.
I det grå vattnet uppstod en rörelse
och en röst sa: »Det finns en som är god.
Det finns en som kan se allt utan att hata.«

V

EN SIMMANDE MÖRK GESTALT

Om en förhistorisk målning
på en klippa i Sahara:
en simmande mörk gestalt
i en gammal flod som är ung.

Utan vapen och strategi,
varken i vila eller språng
och skild från sin egen skugga:
den glider på strömmens botten.

Han slogs för att göra sig fri
ur en slumrande grön bild,
för att äntligen nå till stranden
och bli ett med sin egen skugga.

LAMENTO

Han lade ifrån sig pennan.
Den vilar stilla på bordet.
Den vilar stilla i tomrummet.
Han lade ifrån sig pennan.

För mycket som varken kan skrivas eller förtigas!
Han är lamslagen av något som händer långt borta
fast den underbara kappsäcken dunkar som ett hjärta.

Utanför är försommaren.
Från grönskan kommer visslingar – människor eller fåglar?
Och körsbärsträd i blom klappar om lastbilarna som kommit hem

Det går veckor.
Det blir långsamt natt.
Malarna sätter sig på rutan:
små bleka telegram från världen.

ALLEGRO

Jag spelar Haydn efter en svart dag
och känner en enkel värme i händerna.

Tangenterna vill. Milda hammare slår.
Klangen är grön, livlig och stilla.

Klangen säger att friheten finns
och att någon inte ger kejsaren skatt.

Jag kör ner händerna i mina haydnfickor
och härmar en som ser lugnt på världen.

Jag hissar haydnflaggan – det betyder:
»Vi ger oss inte. Men vill fred.«

Musiken är ett glashus på sluttningen
där stenarna flyger, stenarna rullar.

Och stenarna rullar tvärs igenom
men varje ruta förblir hel.

DEN HALVFÄRDIGA HIMLEN

Modlösheten avbryter sitt lopp.
Ångesten avbryter sitt lopp.
Gamen avbryter sin flykt.

Det ivriga ljuset rinner fram,
även spökena tar sig en klunk.

Och våra målningar kommer i dagen,
våra istidsateljéers röda djur.

Allting börjar se sig omkring.
Vi går i solen hundratals.

Var människa en halvöppen dörr
som leder till ett rum för alla.

Den oändliga marken under oss.

Vattnet lyser mellan träden.

Insjön är ett fönster mot jorden.

NOCTURNE

Jag kör genom en by om natten, husen stiger fram
i strålkastarskenet – de är vakna, de vill dricka.
Hus, lador, skyltar, herrelösa fordon – det är nu
de ikläder sig Livet. – Människorna sover:

en del kan sova fridfullt, andra har spända anletsdrag
som om de låg i hård träning för evigheten.
De vågar inte släppa allt fast deras sömn är tung.
De vilar som fällda bommar när mysteriet drar förbi.

Utanför byn går vägen länge mellan skogens träd.
Och träden träden tigande i endräkt med varann.
De har en teatralisk färg som finns i eldsken.
Vad deras löv är tydliga! De följer mig ända hem.

Jag ligger och ska somna, jag ser okända bilder
och tecken klottrande sig själva bakom ögonlocken
på mörkrets vägg. I springan mellan vakenhet och dröm
försöker ett stort brev tränga sig in förgäves.

EN VINTERNATT

Stormen sätter sin mun till huset
  och blåser för att få ton.
Jag sover oroligt, vänder mig, läser
  blundande stormens text.

Men barnets ögon är stora i mörkret
  och stormen den gnyr för barnet.
Båda tycker om lampor som svänger.
  Båda är halvvägs mot språket.

Stormen har barnsliga händer och vingar.
  Karavanen skenar mot Lappland.
Och huset känner sin stjärnbild av spikar
  som håller väggarna samman.

Natten är stilla över vårt golv
  (där alla förklingade steg
vilar som sjunkna löv i en damm)
  men därute är natten vild!

Över världen går en mer allvarlig storm.
Den sätter sin mun till vår själ
och blåser för att få ton. Vi räds
att stormen blåser oss tomma.

KLANGER OCH SPÅR

1966

PORTRÄTT MED KOMMENTAR

Här är ett porträtt av en man som jag kände.
Han sitter vid bordet med tidningen utslagen.
Ögonen slår sig ner bakom glasögonen.
Kostymen är tvättad med barrskogens skimmer.

Det är ett blekt och halvfärdigt ansikte. –
Men han ingav alltid förtroende. Därför
drog man sig för att gå honom nära
och kanske då stöta på en olycka.

Fadern hans tjänade pengar som dagg.
Men ingen gick ändå helt säker därhemma –
man hade en känsla av att främmande tankar
bröt sig in i villan om nätterna.

Tidningen den stora smutsiga fjärilen,
stolen och bordet och ansiktet vilar.
Livet har stannat i stora kristaller.
Men låt det bara stanna tills vidare!

*

Det som är jag i honom vilar.
Det finns. Han känner inte efter
och därför lever det och finns.

Vad är jag? Ibland för länge sen
kom jag några sekunder helt nära
vad JAG är, vad JAG är, vad JAG är.

Men just som jag fick syn på JAG
försvann JAG och ett hål uppstod
och genom det föll jag som Alice.

LISSABON

I stadsdelen Alfama sjöng de gula spårvagnarna i
uppförsbranterna.
Där fanns två fängelser. Ett var för tjuvarna.
De vinkade genom gallerfönstren.
De skrek att de ville bli fotograferade!

»Men här« sa konduktören och fnittrade som en kluven
människa
»här sitter politiker«. Jag såg fasaden, fasaden, fasaden
och högt uppe i ett fönster en man
som stod med en kikare för ögonen och såg ut över havet.

Tvättkläderna hängde i det blå. Murarna var heta.
Flugorna läste mikroskopiska brev.
Sex år senare frågade jag en dam från Lissabon:
»Är det riktigt, eller har jag drömt det?«

UR EN AFRIKANSK DAGBOK
(1963)

På den kongolesiske hötorgsmålarens tavlor
rör sig gestalterna tunna som insekter, berövade sin
människokraft.
Det är den svåra passagen mellan två sätt att leva.
Den som är framme har en lång väg att gå.

En ung man fann utlänningen som gått vilse bland hyddorna.
Han visste inte om han ville ha honom som vän eller som
föremål för utpressning.
Tveksamheten gjorde honom upprörd. De skildes i
förvirring.

Européerna håller sig annars kring bilen som vore den
Mamma.
Cikadorna är starka som rakapparater. Bilen kör hem.
Snart kommer det sköna mörkret som tar hand om
smutskläderna. Sov.
Den som är framme har en lång väg att gå.

Det kanske hjälper med ett flyttfågelssträck av
handskakningar.
Det kanske hjälper att släppa ut sanningen ur böckerna.
Det är nödvändigt att gå vidare.

Studenten läser i natten, läser och läser för att bli fri
och efter examen förvandlas till ett trappsteg för näste man.
En svår passage.
Den som är framme har en lång väg att gå.

KRÖN

Med en suck börjar hissarna stiga
i höghus ömtåliga som porslin.
Det blir en het dag ute på asfalten,
Trafikmärkena har sänkta ögonlock.

Landet en uppförsbacke mot himlen.
Krön efter krön, ingen riktig skugga.
Vi flyger fram på jakt efter Dig
genom sommaren i cinemascope.

Och på kvällen ligger jag som ett fartyg
med släckta lysen, på lagom avstånd
från verkligheten, medan besättningen
svärmar i parkerna där i land.

HOMMAGES

Gick längs den antipoetiska muren.
Die Mauer. Inte se över.
Den vill omge vårt vuxna liv
i rutinstaden, rutinlandskapet.

Eluard rörde vid någon knapp
och muren öppnade sig
och trädgården visade sig.

Förr gick jag med mjölkhinken genom skogen.
Violetta stammar på alla sidor.
Ett gammalt skämt hängde därinne
lika vackert som ett votivskepp.

Sommaren läste ur Pickwickklubben.
Det goda livet, en lugn vagn
fullsatt med upprörda gentlemän.

Slut ögonen, byt hästar.

I nöden kommer barnsliga tankar.
Vi satt vid sjuksängen och bad
om en paus i terrorn, en bräsch
där pickwickarna kunde dra in.

Slut ögonen, byt hästar.

Det är lätt att älska fragment
som har varit på väg länge.
Inskriptioner på kyrkklockor
och ordspråk tvärs över helgon
och flertusenåriga frön.

Archilochos! – Inget svar.

Fåglarna strök över havets ragg.
Vi låste oss inne med Simenon
och kände lukten av människolivet
där följetongerna utmynnar.

Känn lukten av sanning.

Det öppna fönstret har stannat
framför trädtopparna här
och aftonhimlens avskedsbrev.

Shiki, Björling och Ungaretti
med livets kritor på dödens tavla.
Dikten som är fullkomligt möjlig.

Jag såg upp då grenarna svängde.
Vita måsar åt svarta körsbär.

VINTERNS FORMLER

I

Jag somnade i min säng
och vaknade under kölen.

På morgonen klockan fyra
då tillvarons renskrapade ben
umgås med varann kallt.

Jag somnade bland svalorna
och vaknade bland örnarna.

II

I lyktskenet är vägens is
glänsande som ister.

Det är inte Afrika.
Det är inte Europa.
Det är ingenstans annat än »här«.

Och det som var »jag«
är bara ett ord
i decembermörkrets mun.

III

Anstaltens paviljonger
utställda i mörkret
lyser som TV-skärmar.

En dold stämgaffel
i den stora kölden
utsänder sin ton.

Jag står under stjärnhimlen
och känner världen krypa
in och ut i min rock
som i en myrstack.

IV

Tre svarta ekar ur snön.
Så grova, men fingerfärdiga.
Ur deras väldiga flaskor
ska grönskan skumma i vår.

V

Bussen kryper genom vinterkvällen.
Den lyser som ett skepp i granskogen
där vägen är en trång djup död kanal.

Få passagerare: några gamla och några mycket unga.
Om den stannade och släckte lyktorna
skulle världen utplånas.

MORGONFÅGLAR

Jag väcker bilen
som har vindrutan överdragen med frömjöl.
Jag sätter på mig solglasögonen.
Fågelsången mörknar.

Medan en annan man köper en tidning
på järnvägsstationen
i närheten av en stor godsvagn
som är alldeles röd av rost
och står flimrande i solen.

Inga tomrum någonstans här.

Tvärs genom vårvärmen en kall korridor
där någon kommer skyndande
och berättar att man förtalat honom
ända upp i styrelsen.

Genom en bakdörr i landskapet
kommer skatan
svart och vit, Hels fågel.
Och koltrasten som rör sig kors och tvärs
tills allt blir en kolteckning,
utom de vita kläderna på tvättstrecket:
en palestrinakör.

Inga tomrum någonstans här.

Fantastiskt att känna hur min dikt växer
medan jag själv krymper.
Den växer, den tar min plats.
Den tränger undan mig.
Den kastar mig ur boet.
Dikten är färdig.

OM HISTORIEN

I

En dag i mars går jag ner till sjön och lyssnar.
Isen är lika blå som himlen. Den bryter upp under solen.
Solen som också viskar i en mikrofon under istäcket.
Det kluckar och jäser. Och någon tycks ruska ett lakan
långt ute.
Alltihop liknar Historien: vårt NU. Vi är nedsänkta,
vi lyssnar.

II

Konferenser som flygande öar så nära att störta...
Sedan: en lång darrande bro av kompromisser.
Där ska hela trafiken gå, under stjärnorna,
under de ofödda bleka ansikten,
utkastade i tomrummet, anonyma som risgryn.

III

Goethe reste i Afrika 1926 förklädd till Gide och såg allt.
Några ansikten blir tydligare av allt de får se efter döden.
När dagsnyheterna från Algeriet lästes upp
framträdde ett stort hus där alla fönster var mörklagda,
alla utom ett. Och där såg man Dreyfus' ansikte.

IV

Radikal och Reaktionär lever tillsammans som i ett
olyckligt äktenskap,
formade av varann, beroende av varann.
Men vi som är deras barn måste bryta oss loss.
Varje problem ropar på sitt eget språk.
Gå som en spårhund där sanningen trampade!

V

Ute i terrängen inte långt från bebyggelsen
ligger sedan månader en kvarglömd tidning, full av
händelser.
Den åldras genom nätter och dagar i regn och sol,
på väg att bli en planta, ett kålhuvud, på väg att förenas
med marken.
Liksom ett minne långsamt förvandlas till dig själv.

ENSAMHET

I

Här var jag nära att omkomma en kväll i februari.
Bilen gled sidledes på halkan, ut
på fel sida av vägen. De mötande bilarna –
deras lyktor – kom nära.

Mitt namn, mina flickor, mitt jobb
lösgjorde sig och blev kvar tyst bakom,
allt längre bort. Jag var anonym
som en pojke på en skolgård omgiven av fiender.

Mötande trafik hade väldiga ljus.
De lyste på mig medan jag styrde och styrde
i en genomskinlig skräck som flöt som äggvita.
Sekunderna växte – man fick rum där –
de blev stora som sjukhusbyggnader.

Man kunde nästan stanna upp
och andas ut en stund
innan man krossades.

Då uppstod ett fäste: ett hjälpande sandkorn
eller en underbar vindstöt. Bilen kom loss
och krälade snabbt tvärs över vägen.
En stolpe sköt upp och knäcktes – en skarp klang – den
flög bort i mörkret.

Tills det blev stilla. Jag satt kvar i selen
och såg hur någon kom genom snöyran
för att se vad det blev av mig.

II

Jag har gått omkring länge
på de frusna östgötska fälten.
Ingen människa har varit i sikte.

I andra delar av världen
finns de som föds, lever, dör
i en ständig folkträngsel.

Att alltid vara synlig – leva
i en svärm av ögon –
måste ge ett särskilt ansiktsuttryck.
Ansikte överdraget med lera.

Mumlandet stiger och sjunker
medan de delar upp mellan sig
himlen, skuggorna, sandkornen.

Jag måste vara ensam
tio minuter på morgonen
och tio minuter på kvällen.
– Utan program.

Alla står i kö hos alla.

Flera.

En.

I ARBETETS UTKANTER

Mitt under arbetet
börjar vi längta vilt efter vild grönska,
efter Ödemarken själv, bara genomträngd
av telefontrådarnas tunna civilisation.

*

Fritidens måne kretsar kring planeten Arbete
med dess massa och tyngd. – Det är så de vill ha det.
När vi är på hemväg spetsar marken öronen.
Underjorden lyssnar på oss via grässtråna.

*

Också den här arbetsdagen finns en privat stillhet.
Som i ett rökigt inland där en kanal går:
BÅTEN visar sig oväntat mitt i trafiken
eller glider fram bakom fabriken, en vit luffare.

*

En söndag går jag förbi ett omålat nybygge
som står framför en grå vattenyta.
Det är halvfärdigt. Träet har samma ljusa färg
som skinnet på en som badar.

*

Utanför lamporna är septembernatten alldeles svart.
När ögonen vänjer sig ljusnar det något
över marker där stora sniglar glider fram
och svamparna är talrika som stjärnorna.

EFTER NÅGONS DÖD

Det var en gång en chock
som lämnade efter sig en lång, blek, skimrande kometsvans.
Den hyser oss. Den gör TV-bilderna suddiga.
Den avsätter sig som kalla droppar på luftledningarna.

Man kan fortfarande hasa fram på skidor i vintersolen
mellan dungar där fjolårslöven hänger kvar.
De liknar blad rivna ur gamla telefonkataloger –
abonnenternas namn uppslukade av kölden.

Det är fortfarande skönt att känna sitt hjärta bulta.
Men ofta känns skuggan verkligare än kroppen.
Samurajen ser obetydlig ut
bredvid sin rustning av svarta drakfjäll.

OKLAHOMA

I

Tåget stannade långt söderut. Det var snö i New York.
Här kunde man gå i skjortärmarna hela natten.
Men ingen var ute. Bara bilarna
flög förbi i sina ljussken, flygande tefat.

II

»Vi slagfält som är stolta
över våra många döda…«
sa en röst medan jag vaknade.

Mannen bakom disken sa:
»Jag försöker inte sälja det,
jag försöker inte sälja det,
jag vill bara att ni ska se det.«
Och han visade indianernas yxor.

Pojken sa:
»Jag vet att jag har en fördom,
jag vill inte ha den kvar sir.
Vad tycker ni om oss?«

III

Det här motellet är ett främmande skal. Med en hyrd bil
(en stor vit tjänare utanför dörren)
nästan utan minne och utan yrke
får jag äntligen sjunka mot min medelpunkt.

SOMMARSLÄTT

Man har sett så mycket.
Verkligheten har tärt så mycket på en,
men här är sommaren till sist:

en storflygplats – trafikledaren tar ner
lass efter lass med frusna
människor från rymden.

Gräset och blommorna – här landar vi.
Gräset har en grön chef.
Jag anmäler mig.

SKYFALL ÖVER INLANDET

Regnet hamrar på bilarnas tak.
Åskan mullrar. Trafiken går saktare.
Lyktorna tänds mitt på sommardagen.

Röken slår ner i skorstenarna.
Allt levande kurar ihop sig, blundar.
En rörelse inåt, känn livet starkare.

Bilen är nästan blind. Han stannar,
tänder en privat eld och röker
medan vattnet skvalar längs rutorna.

Här på en skogsväg, slingrande avsides
nära en insjö med näckrosor
och ett långt berg som försvinner i regnet.

Däruppe ligger stenrösena
från järnåldern då det här var en plats
för stamstrider, ett kallare Kongo

och faran drev samman fä och människor
till en sorlande mitt bakom murarna,
bakom snår och stenar på bergskrönet.

En mörk sluttning, någon som rör sig
otympligt uppför med skölden på ryggen
tänker han på medan bilen står.

Det börjar ljusna, han vevar ner rutan.
En fågel flöjtpratar för sig själv
i ett allt tunnare tyst regn.

Sjöns yta är spänd. Åskhimlen viskar
ner genom näckrosorna till dyn.
Skogens fönster öppnar sig långsamt.

Men åskan slår direkt ur stillheten!
En dövande skräll. Och sedan tomrum
där de sista dropparna dalar.

I tystnaden hör han ett svar komma.
Bortifrån. En sorts grov barnröst.
Det stiger ett råmande från berget.

Ett gny av sammanväxta toner.
En lång hes trumpet ur järnåldern.
Kanske från inne i honom själv.

UNDER TRYCK

Den blå himlens motordån är starkt.
Vi är närvarande på en arbetsplats i darrning,
där havsdjupet plötsligt kan uppenbara sig –
snäckor och telefoner susar.

Det sköna hinner man bara se hastigt från sidan.
Den täta säden på åkern, många färger i en gul ström.
De oroliga skuggorna i mitt huvud dras dit.
De vill krypa in i säden och förvandlas till guld.

Mörkret faller. Vid midnatt går jag till sängs.
Den mindre båten sätts ut från den större båten.
Man är ensam på vattnet.
Samhällets mörka skrov driver allt längre bort.

ÖPPNA OCH SLUTNA RUM

En man känner på världen med yrket som en handske.
Han vilar en stund mitt på dagen och har lagt ifrån sig
handskarna på hyllan.
Där växer de plötsligt, breder ut sig
och mörklägger hela huset inifrån.

Det mörklagda huset är mitt ute bland vårvindarna.
»Amnesti« går viskningen i gräset: »amnesti«.
En pojke springer med en osynlig lina som går snett
upp i himlen
där hans vilda dröm om framtiden flyger som en drake
större än förstaden.

Längre norrut ser man från en höjd den blå oändliga
barrskogsmattan
där molnskuggorna
står stilla.
Nej, flyger fram.

EN KONSTNÄR I NORR

Jag Edvard Grieg rörde mig som en fri man bland
människor.
Jag skämtade flitigt, läste aviserna, reste och for.
Jag ledde orkestern.
Auditoriet med sina lampor darrade av triumf som tågfärjan
just när den lägger till.

Jag har dragit mig upp hit för att stångas med tystnaden.
Min arbetsstuga är liten.
Flygeln har det lika skavande trångt därinne som svalan
under tegelpannan.

De vackra branta sluttningarna tiger för det mesta.
Det finns ingen passage
men det finns en lucka som öppnas ibland
och ett märkvärdigt sipprande ljus direkt från trollen.

Reducera!

Och hammarslagen i berget kom
kom
kom
kom in en vårnatt i vårt rum
förklädda till hjärtats slag.

Året innan jag dör ska jag sända ut fyra psalmer för att
spåra upp Gud.
Men det börjar här.
En sång om det som är nära.

Det som är nära.

Slagfält inom oss
där vi Dödas Ben
slåss för att bli levande.

I DET FRIA

1

Senhöstlabyrint.
Vid skogens ingång en bortkastad tomflaska.
Gå in. Skogen är tysta övergivna lokaler så här års.
Bara några få slags ljud: som om någon flyttade kvistar
försiktigt med en pincett
eller ett gångjärn som gnyr svagt inne i en tjock stam.
Frosten har andats på svamparna och de har skrumpnat.
De liknar föremål och plagg som hittas efter försvunna.
Nu kommer skymningen. Det gäller att hinna ut
och återse sina riktmärken: det rostiga redskapet ute
på åkern
och huset på andra sidan sjön, en rödbrun fyrkant stark som
en buljongtärning.

2

Ett brev från Amerika satte igång mig, drev ut mig
en ljus natt i juni på tomma gator i förstaden
bland nyfödda kvarter utan minne, svala som ritningar.

Brevet i fickan. Osaliga rasande vandring, den är ett
slags förbön.
Hos er har det onda och goda verkligen ansikten.
Det som hos oss mest är en kamp mellan rötter, siffror,
dagrar.

De som går dödens ärenden skyr inte dagsljuset.
De styr från glasvåningar. De myllrar i solgasset.
De lutar sig fram över disken och vrider på huvudet.

Långt borta råkar jag stanna framför en av de nya fasaderna.
Många fönster som flyter ihop till ett enda fönster.
Natthimlens ljus fångas in där och trädkronornas vandring.
Det är en speglande sjö utan vågor, upprest i sommarnatten.

Våld känns overkligt
en kort stund.

3

Solen bränner. Flygplanet går på låg höjd
och kastar en skugga i form av ett stort kors som rusar fram
på marken.
En människa sitter på fältet och rotar.
Skuggan kommer.
Under en bråkdels sekund är han mitt i korset.

Jag har sett korset som hänger i svala kyrkvalv.
Det liknar ibland en ögonblicksbild
av något i häftig rörelse.

LÅNGSAM MUSIK

Byggnaden är stängd. Solen tränger in genom fönsterrutorna
och värmer upp ovansidan på skrivborden
som är starka nog att bära människoödens tyngd.

Vi är ute i dag, på den långa vida sluttningen.
Många har mörka kläder. Man kan stå i solen och blunda
och känna hur man långsamt blåser framåt.

Jag kommer för sällan fram till vattnet. Men nu är jag här,
bland stora stenar med fridfulla ryggar.
Stenar som långsamt vandrat baklänges upp ur vågorna.

MÖRKERSEENDE

1970

NAMNET

Jag blir sömnig under bilfärden och kör in under träden vid sidan av vägen. Rullar ihop mig i baksätet och sover. Hur länge? Timmar. Mörkret hann falla.

Plötsligt är jag vaken och känner inte igen mig. Klarvaken, men det hjälper inte. Var är jag? VEM är jag? Jag är nånting som vaknar i ett baksäte, snor omkring i panik som en katt i en säck. Vem?

Äntligen kommer mitt liv tillbaka. Mitt namn kommer som en ängel. Utanför murarna blåser en trumpetsignal (som i Leonorauvertyren) och de räddande stegen kommer snabbt snabbt nerför den alltför långa trappan. Det är jag! Det är jag!

Men omöjligt att glömma de femton sekundernas kamp i glömskans helvete, några meter från stora vägen där trafiken glider förbi med påslagna ljus.

NÅGRA MINUTER

Den låga tallen på myren håller upp sin krona: en mörk trasa.
Men det man ser är ingenting
mot rötterna, det utspärrade, dolt krypande, odödliga eller
halvdödliga
rotsystemet.

Jag du hon han förgrenar sig också.
Utanför det man vill.
Utanför Metropolis.

Ur den mjölkvita sommarhimlen faller ett regn.
Det känns som om mina fem sinnen var kopplade till en
annan varelse
som rör sig lika halsstarrigt
som de ljusklädda löparna på ett stadion där mörkret
strilar ner.

ANDRUM JULI

Den som ligger på rygg under de höga träden
är också däruppe. Han rännilar sig ut i tusentals kvistar,
gungar fram och tillbaka,
sitter i en katapultstol som går loss i ultrarapid.

Den som står nere vid bryggorna kisar mot vattnen.
Bryggorna åldras fortare än människor.
De har silvergrått virke och stenar i magen.
Det bländande ljuset slår ända in.

Den som färdas hela dagen i öppen båt
över de glittrande fjärdarna
ska somna till sist inne i en blå lampa
medan öarna kryper som stora nattfjärilar över glaset.

MED ÄLVEN

Vid samtal med samtida såg hörde jag bakom deras
ansikten
strömmen
som rann och rann och drog med sig villiga och motvilliga.

Och varelsen med igenklistrade ögon
som vill gå mitt i forsen medströms
kastar sig rakt fram utan att skälva
i en rasande hunger efter enkelhet.

Allt stridare vatten drar

som där älven smalnar och går över
i forsen – platsen där jag rastade
efter en resa genom torra skogar

en junikväll: Transistorn ger det senaste
om extrasessionen: Kosygin, Eban.
Några få tankar borrar förtvivlat.
Några få människor borta i byn.

Och under hängbron störtar vattenmassorna

förbi. Här kommer timret. Några trän
styr som torpeder rakt fram. Andra vänder
på tvären, snurrar trögt och hjälplöst hän

och några nosar sig mot älvens stränder,
styr in bland sten och bråte, kilas fast
och tornar upp sig där som knäppta händer

orörliga i dånet...

                                        såg hörde jag från hängbron
i ett moln av mygg,
tillsammans med några pojkar. Deras cyklar
begravda i grönskan – bara hornen
stack upp.

UTKANTSOMRÅDE

Män i överdragskläder med samma färg som marken kommer upp
ur ett dike.
Det är ett övergångsområde, dödläge, varken stad eller land.
Byggnadskranarna vid horisonten vill ta det stora språnget men
klockorna vill inte.
Kringkastade cementrör lapar ljuset med torra tungor.
Bilplåtverkstäder inrymda i före detta lagårdar.
Stenarna kastar skuggorna skarpt som föremål på månytan.
Och de platserna bara växer.
Som det man köpte för Judas' pengar: »Krukmakaråkern till
begravningsplats för främlingar.«

TRAFIK

Långtradaren med släpvagn kryper genom dimman
och är en stor skugga av trollsländans larv
som rör sig i grumlet på insjöns botten.

Strålkastare möts i en drypande skog.
Man kan inte se den andres ansikte.
Ljusfloden störtar genom barren.

Vi kommer skuggor fordon från alla håll
i skymningen, går samman efter varann
förbi varann, glider fram i ett nerskruvat larm

ute på slätten där industrierna ruvar
och byggnaderna sjunker två millimeter
om året – marken slukar dem sakta.

Oidentifierade tassar sätter sina avtryck
på den blankaste produkt som dröms fram här.
Frön försöker leva i asfalten.

Men först kastanjeträden, dystra som om
de förberedde en blomning av järnhandskar
i stället för vita kolvar, och bakom dem

bolagets tjänsterum – ett lysrör i olag
blinkar blinkar. Det finns en lönndörr här. Öppna!
och se in i det omvända periskopet

neråt, mot mynningarna, mot de djupa rören
där algerna växer som de dödas skägg
och Städaren driver i sin dräkt av slem

med allt mattare simtag, på väg att kvävas.
Och ingen vet hur det ska gå, bara att kedjan
bryts och fogas ihop igen ständigt.

NATTJOUR

I

I natt är jag nere hos barlasten.
Jag är en av de tigande tyngderna
som hindrar skutan att stjälpa!
Otydliga ansikten i mörkret som stenar.
De kan bara väsa: »rör mej inte.«

II

Andra röster tränger på, lyssnaren
glider som en smal skugga över radions
självlysande band av stationer.
Språket marscherar i takt med bödlarna.
Därför måste vi hämta ett nytt språk.

III

Vargen är här, alla timmarnas vän
och han rör vid fönstren med sin tunga.
Dalen är full av krälande yxskaft.
Nattflygarens dån rinner över himlen
trögt, som från en rullstol med hjul av järn.

IV

Man gräver upp staden. Men det är tyst nu.
Under almarna på kyrkogården:
en tom grävmaskin. Skopan mot marken –
gesten hos en som somnat över bordet
med knytnäven framför sig. – Klockringning.

DET ÖPPNA FÖNSTRET

Jag stod och rakade mig en morgon
framför det öppna fönstret
en trappa upp.
Knäppte igång rakapparaten.
Den började spinna.
Den surrade starkare och starkare.
Växte till ett dån.
Växte till en helikopter
och en röst – pilotens – trängde fram
genom dånet, skrek:
»Håll ögonen öppna!
Du ser det för sista gången.«
Vi lyfte.
Flög lågt över sommaren.
Så mycket jag tyckte om, har det nån tyngd?
Dussintals dialekter av grönt.
Och särskilt det röda i trähusväggarna.
Skalbaggarna blänkte i dyngan, i solen.
Källare som dragits upp med rötterna
kom genom luften.
Verksamhet.
Tryckpressarna krälade.

Just nu var människorna
de enda som var stilla.
De höll en tyst minut.
Och särskilt de döda på lantkyrkogården
var stilla
som när man satt för en bild i kamerans barndom.
Flyg lågt!
Jag visste inte vart jag
vände mitt huvud –
med delat synfält
som en häst.

PRELUDIER

I

Jag skyggar för något som kommer hasande på tvären i
snögloppet.
Fragment ur det som ska komma.
En lösbruten vägg. Någonting utan ögon. Hårt.
Ett ansikte av tänder!
En ensam vägg. Eller finns huset där
fast jag inte ser det?
Framtiden: en armé av tomma hus
som letar sig framåt i snögloppet.

II

Två sanningar närmar sig varann. En kommer inifrån,
en kommer utifrån
och där de möts har man en chans att få se sig själv.

Den som märker vad som håller på att hända ropar
förtvivlat: »Stanna!
vad som helst, bara jag slipper känna mig själv.«

Och det finns en båt som vill lägga till – försöker just här –
den kommer att försöka tusentals gånger.

Ur skogens mörker kommer en lång båtshake, skjuts in
genom det öppna fönstret,
in bland partygästerna som dansat sig varma.

III

Våningen där jag bodde större delen av livet ska utrymmas. Den är nu tömd på allt. Ankaret har släppt – trots att det fortfarande råder sorg är det den lättaste våningen i hela stan. Sanningen behöver inga möbler. Jag har rest runt livet ett varv och återkommit till utgångspunkten: ett urblåst rum. Saker jag varit med om här visar sig på väggarna som egyptiska målningar, scener på insidan av en gravkammare. Men de utplånas alltmer. Ljuset är nämligen för starkt. Fönstren har blivit större. Den tomma våningen är en stor kikare som riktas mot himlen. Det är tyst som en kväkarandakt. Det som hörs är bakgårdarnas duvor, deras kuttrande.

UPPRÄTT

I ett ögonblick av koncentration lyckades jag fånga hönan, jag stod med den i händerna. Underligt, den kändes inte riktigt levande: stel, torr, en vit fjäderprydd gammal damhatt som skrek ut sanningar från 1912. Åskan hängde i luften. Från plankorna steg en doft som när man öppnar ett fotoalbum så ålderstiget att man inte längre kan identifiera porträtten.

Jag bar hönan till inhägnaden och släppte henne. Hon blev plötsligt mycket levande, kände igen sig och sprang enligt reglerna. Hönsgården är full av tabu. Men marken omkring är full av kärlek och av sisu. Till hälften övervuxen av grönskan en låg stenmur. När det skymmer börjar stenarna lysa svagt av den hundraåriga värmen från händerna som byggde.

Vintern har varit svår men det är sommar nu och marken vill ha oss upprätt. Fria men varsamma, som när man står upp i en smal båt. Det dyker upp ett minne från Afrika: vid stranden av Chari, många båtar, en mycket vänlig stämning, de nästan blåsvarta människorna med tre parallella ärr på vardera kinden (SARA-stammen). Jag är välkommen ombord – en kanot av mörkt trä. Den är förvånansvärt ranglig, också när jag sätter mig på huk. Ett balansnummer. Om hjärtat sitter på vänster sida måste man luta huvudet något åt höger, ingenting i fickorna, inga stora gester, all retorik måste lämnas kvar. Just det: retoriken är omöjlig här. Kanoten glider ut på vattnet.

BOKSKÅPET

Det hämtades från den dödas våning. Det stod tomt några dagar, tomt, innan jag fyllde det med böcker, alla de inbundna, de tunga. I och med det hade jag släppt in underjorden. Något kom underifrån, steg långsamt och obönhörligt som en ofantlig kvicksilverpelare. Man fick inte vända bort huvudet.

De mörka volymerna, slutna ansikten. De liknar algerierna som stod vid zonövergången Friedrichstrasse och väntade på att Volkspolizei skulle granska passen. Mitt eget pass låg sen länge inne bland glasburarna. Och dimman som fanns i Berlin den där dagen, den finns också inne i bokskåpet. Det finns en gammal förtvivlan därinne, det smakar Passchendaele och Versaillesfreden, det smakar äldre än så. De svarta, tunga luntorna – jag återkommer till dem – de är i själva verket ett slags pass och de är så tjocka därför att man samlat på sig så många stämplar genom århundradena. Man kan tydligen inte resa med nog tungt bagage, nu när det bär av, när man äntligen…

Alla de gamla historikerna är där, de får stiga upp där och se in i vår familj. Ingenting hörs men läpparna rör sig hela tiden bakom glaset (»Passchendaele«…). Man kommer att tänka på ett åldrigt ämbetsverk (nu följer en ren spökhistoria), en byggnad där porträtt av länge sen döda män hänger bakom glas och en morgon var det imma på insidan av glaset. De hade börjat andas under natten.

Bokskåpet är ändå mäktigare. Blickarna tvärs över zongränsen! En skimrande hinna, den skimrande hinnan på en mörk älv som rummet måste spegla sig i. Och man får inte vända bort huvudet.

KOMMENTAR:

Passchendaele, ort i Flandern, krigsskådeplats 1914–18.

ur **STIGAR**

1973

TILL VÄNNER BAKOM EN GRÄNS

I

Jag skrev så kargt till er. Men det jag inte fick skriva
svällde och svällde som ett gammaldags luftskepp
och gled bort till sist genom natthimlen.

II

Nu är brevet hos censorn. Han tänder sin lampa.
I skenet flyger mina ord upp som apor på ett galler
ruskar till, blir still, och visar tänderna!

III

Läs mellan raderna. Vi ska träffas om 200 år
då mikrofonerna i hotellets väggar är glömda
och äntligen får sova, bli ortoceratiter.

FRÅN SNÖSMÄLTNINGEN -66

Störtande störtande vatten dån gammal hypnos.
Ån översvämmar bilkyrkogården, glittrar
bakom maskerna.
Jag griper hårt om broräcket.
Bron: en stor fågel av järn som seglar förbi döden.

SKISS I OKTOBER

Bogserbåten är fräknig av rost. Vad gör den här så långt
inne i landet?
Den är en tung, slocknad lampa i kylan.
Men träden har vilda färger. Signaler till andra stranden!
Som om några ville bli hämtade.

På väg hem ser jag bläcksvamparna skjuta upp genom
gräsmattan.
De är de hjälpsökande fingrarna på en
som snyftat länge för sig själv i mörkret där nere.
Vi är jordens.

LÄNGRE IN

På stora infarten till staden
då solen står lågt.
Trafiken tätnar, kryper.
Den är en trög drake som glittrar.
Jag är ett av drakens fjäll.
Plötsligt är den röda solen
mitt framför vindrutan
och strömmar in.
Jag är genomlyst
och en skrift blir synlig
inne i mig
ord med osynligt bläck
som framträder
då papperet hålls över elden!
Jag vet att jag måste långt bort
tvärs genom staden och sedan
vidare, tills det är dags att gå ur
och vandra länge i skogen.
Gå i grävlingens fotspår.
Det blir mörkt, svårt att se.
Där, på mossan, ligger stenar.
En av de stenarna är dyrbar.

Den kan förvandla allt
den kan få mörkret att lysa.
Den är en strömbrytare för hela landet.
Allting hänger på den.
Se den, röra vid den…

POSTERINGEN

Jag beordras ut i en hög med stenar
som ett förnämt lik från järnåldern.
De andra är kvar i tältet och sover
utsträckta som ekrar i ett hjul.

I tältet härskar kaminen: en stor orm
som svalt ett klot av eld och väser.
Men det är tyst här ute i vårnatten
bland kalla stenar som bidar ljuset.

Här ute i kölden börjar jag flyga
som en schaman, jag flyger till hennes kropp
med de vita fläckarna efter baddräkten –
vi var mitt i solen. Mossan var varm.

Jag stryker längs varma ögonblick
men får inte stanna där länge.
De visslar mig tillbaka genom rymden –
jag kryper fram bland stenarna. Här och nu.

Uppdrag: att vara där man är.
Också i den löjliga gravallvarliga
rollen – jag är just den plats
där skapelsen arbetar på sig själv.

Det dagas, de glesa trädstammarna
har färger nu, de frostbitna
vårblommorna går tyst skallgång
efter någon som försvann i mörkret.

Men att vara där man är. Och vänta.
Jag är ängslig, envis, förvirrad.
Kommande händelser, de finns redan!
Jag känner det. De finns utanför:

en sorlande folkmassa utanför spärren.
De kan bara passera en och en.
De vill in. Varför? De kommer
en och en. Jag är vändkorset.

LÄNGS RADIEN

I

Den isbelagda älven strålar av sol
här är världens tak
tystnaden.

Jag sitter på en uppdragen stjälpt båt
sväljer tystnadens drog
snurrar sakta.

II

Ett hjul breder ut sig oändligt, vrids.
Här är mitten, står
nästan stilla.

Längre ut märks rörelsen: stegen i snön
skriften som hasar längs
fasaderna.

Den mullrande trafiken på motorvägarna
och den tysta trafiken
av gengångare.

Längre ut: tragedimaskerna i motvinden
i fartens dån – längre ut:
rusningen

där de sista orden av kärlek dunstar –
vattendropparna som kryper
på stålvingarna –

profiler som ropar – de avhängda hörlurarna
skallrar mot varann –
kamikaze!

III

Den isbelagda älven glittrar och tiger.
Skuggorna ligger djupt här
utan röst.

Mina steg hit var explosioner i marken
som tystnaden övermålar
övermålar.

MARKGENOMSKÅDANDE

Den vita solen rinner ut i smogen.
Ljuset dryper, det letar sig ner

till mina nedersta ögon som vilar
djupt under staden och blickar uppåt

ser staden underifrån: gator, husgrunder –
liknar flygbilder av en stad i krig

fast tvärtom – ett mullvadsfoto:
tysta fyrkanter i dova färger.

Där fattas besluten. De dödas ben
går inte att skilja från de levandes.

Solljuset ökar i volym, strömmar in
i flygkabinerna och ärtskidorna.

DECEMBERKVÄLL -72

Här kommer jag den osynlige mannen, kanske anställd
av ett stort Minne för att leva just nu. Och jag kör förbi

den igenbommade vita kyrkan – därinne står ett helgon av trä
leende, hjälplös, som om man tagit ifrån honom glasögonen.

Han är ensam. Allt det andra är nu, nu, nu. Tyngdlagen som
pressar oss
mot arbetet om dagen och mot sängen om natten. Kriget.

DEN SKINGRADE FÖRSAMLINGEN

I

Vi ställde upp och visade våra hem.
Besökaren tänkte: ni bor bra.
Slummen finns invärtes i eder.

II

Inne i kyrkan: valv och pelare
vita som gips, som gipsbandaget
kring trons brutna arm.

III

Inne i kyrkan är tiggarskålen
som lyfter sig själv från golvet
och går längs bänkraderna.

IV

Men kyrkklockorna måste gå under jorden.
De hänger i kloaktrummorna.
De klämtar under våra steg.

V

Sömngångaren Nicodemus på väg
till Adressen. Vem har adressen?
Vet inte. Men det är dit vi går.

SENA MAJ

Äppelträd och körsbärsträd i blom hjälper orten att sväva
i den ljuva smutsiga majnatten, vit flytväst, tankarna
går vida.
Gräs och ogräs med tysta envisa vingslag.
Brevlådan lyser lugnt, det skrivna kan inte tas tillbaka.

Mild kylig vind går genom skjortan och trevar efter hjärtat.
Äppelträd och körsbärsträd, de skrattar tyst åt Salomo
de blommar i min tunnel. Jag behöver dem
inte för att glömma utan för att minnas.

ELEGI

Jag öppnar den första dörren.
Det är ett stort solbelyst rum.
En tung bil går förbi på gatan
och får porslinet att darra.

Jag öppnar dörr nummer två.
Vänner! Ni drack mörkret
och blev synliga.

Dörr nummer tre. Ett trångt hotellrum.
Utsikt mot en bakgata.
En lykta som gnistrar på asfalten.
Erfarenheternas vackra slagg.

ÖSTERSJÖAR

1974

I

Det var före radiomasternas tid.

Morfar var nybliven lots. I almanackan skrev han upp de fartyg han lotsade –
namn, destinationer, djupgång.
Exempel från 1884:
Ångf Tiger Capt Rowan 16 fot Hull Gefle Furusund
Brigg Ocean Capt Andersen 8 fot Sandöfjord Hernösand Furusund
Ångf St Pettersburg Capt Libenberg 11 fot Stettin Libau Sandhamn

Han tog ut dem till Östersjön, genom den underbara labyrinten av öar och vatten.
Och de som möttes ombord och bars av samma skrov några timmar eller dygn,
hur mycket lärde de känna varann?
Samtal på felstavad engelska, samförstånd och missförstånd men mycket lite av medveten lögn.
Hur mycket lärde de känna varann?

När det var tät tjocka: halv fart, knappt ledsyn. Ur det osynliga kom udden med ett enda kliv och var alldeles intill.
Brölande signal varannan minut. Ögonen läste rätt in i det osynliga.
(Hade han labyrinten i huvudet?)
Minuterna gick.
Grund och kobbar memorerade som psalmverser.
Och den där känslan av »just här är vi« som måste hållas kvar, som när man bär på ett bräddfullt kärl och ingenting får spillas.

En blick ner i maskinrummet.
Compoundmaskinen, långlivad som ett människohjärta, arbetade med stora mjukt studsande rörelser, akrobater av stål, och dofterna steg som från ett kök.

II

Vinden går i tallskogen. Det susar tungt och lätt,
Östersjön susar också mitt inne på ön, långt inne i skogen är man ute på öppna sjön.
Den gamla kvinnan hatade suset i träden. Hennes ansikte stelnade i melankoli när det blåste upp:
»Man måste tänka på dem som är ute i båtarna.«
Men hon hörde också något annat i suset, precis som jag, vi är släkt.
(Vi går tillsammans. Hon är död sen tretti år.)
Det susar ja och nej, missförstånd och samförstånd.
Det susar tre barn friska, ett på sanatorium och två döda.
Det stora draget som blåser liv i somliga lågor och blåser ut andra.
Villkoren.
Det susar: Fräls mig Herre, vattnen tränger mig inpå livet.
Man går länge och lyssnar och når då en punkt där gränserna öppnas
eller snarare
där allting blir gräns. En öppen plats försänkt i mörker. Människorna strömmar ut från de svagt upplysta byggnaderna runt om. Det sorlar.

Ett nytt vinddrag och platsen ligger åter öde och tyst.
Ett nytt vinddrag, det brusar om andra stränder.
Det handlar om kriget.

Det handlar om platser där medborgarna är under kontroll,
där tankarna byggs med reservutgångar,
där ett samtal bland vänner verkligen blir ett test på vad vänskap
betyder.
Och när man är tillsammans med dem som man inte känner så väl.
Kontroll. En viss uppriktighet är på sin plats
bara man inte släpper med blicken det där som driver i samtalets
utkant: någonting mörkt, en mörk fläck.
Någonting som kan driva in
och förstöra allt. Släpp det inte med blicken!
Vad ska man likna det vid? En mina?
Nej det vore för handfast. Och nästan för fredligt – för på vår kust
har de flesta berättelser om minor ett lyckligt slut, skräcken
begränsad i tiden.
Som i den här historien från fyrskeppet: »Hösten 1915 sov man
oroligt…« etc. En drivmina siktades
när den drev mot fyrskeppet sakta, den sänktes och hävdes, ibland
skymd av sjöarna, ibland framskymtande som en spion i en
folkmassa.
Besättningen låg i ångest och sköt på den med gevär. Förgäves.
Till sist satte man ut en båt
och gjorde fast en lång lina vid minan och bogserade den varsamt
och länge in till experterna.
Efteråt ställde man upp minans mörka skal i en sandig plantering
som prydnad
tillsammans med skalen av Strombus gigas från Västindien.

Och havsblåsten går i de torra tallarna längre bort, den har bråttom
över kyrkogårdens sand,
förbi stenarna som lutar, lotsarnas namn.
Det torra suset
av stora portar som öppnas och stora portar som stängs.

III

I den gotländska kyrkans halvmörka hörn, i en dager av mild mögel
står en dopfunt av sandsten – 1100-tal – stenhuggarens namn
är kvar, framlysande
som en tandrad i en massgrav:
HEGWALDR
namnet kvar. Och hans bilder
här och på andra krukors väggar, människomyller, gestalter på väg
ut ur stenen.
Ögonens kärnor av ondska och godhet spränger där.
Herodes vid bordet: den stekta tuppen flyger upp och gal »Christus
natus est« – servitören avrättades –
intill föds barnet, under klungor av ansikten värdiga och hjälplösa
som apungars.
Och de frommas flyende steg
ekande över drakfjälliga avloppstrummors gap.
(Bilderna starkare i minnet än när man ser dem direkt, starkast
när funten snurrar i en långsam mullrande karusell i minnet.)
Ingenstans lä. Överallt risk.
Som det var. Som det är.
Bara därinnanför finns frid, i krukans vatten som ingen ser,
men på ytterväggarna rasar kampen.
Och friden kan komma droppvis, kanske om natten

när vi ingenting vet,
eller som när man ligger på dropp i en sal på sjukhuset.

Människor, bestar, ornament.
Det finns inget landskap. Ornament.

Mr B***, min reskamrat, älskvärd, i landsflykt,
frisläppt från Robben Island, säger:
»Jag avundas er. Jag känner inget för naturen.
Men *människor i landskap*, det säger mig något.«

Här är människor i landskap.
Ett foto från 1865. Ångslupen ligger vid bryggan i sundet.
Fem figurer. En dam i ljus krinolin, som en bjällra, som en blomma.
Karlarna liknar statister i en allmogepjäs.
Alla är vackra, tveksamma, på väg att suddas ut.
De stiger iland en kort stund. De suddas ut.
Ångslupen av utdöd modell –
en hög skorsten, soltak, smalt skrov –
den är fullkomligt främmande, en UFO som landat.
Allt det andra på fotot är chockerande verkligt:
krusningarna på vattnet,
den andra stranden –
jag kan stryka med handen över de skrovliga berghällarna,
jag kan höra suset i granarna.
Det är nära. Det är
idag.
Vågorna är aktuella.

Nu, hundra år senare. Vågorna kommer in från no man's water
och slår mot stenarna.
Jag går längs stranden. Det är inte som det var att gå längs stranden.
Man måste gapa över för mycket, föra många samtal på en gång,
man har tunna väggar.
Varje ting har fått en ny skugga bakom den vanliga skuggan
och man hör den släpa också när det är alldeles mörkt.

Det är natt.

Det strategiska planetariet vrider sig. Linserna stirrar i mörkret.
Natthimlen är full av siffror, och de matas in
i ett blinkande skåp,
en möbel
där det bor energin hos en gräshoppssvärm som kaläter tunnland av
Somalias jord på en halvtimma.

Jag vet inte om vi är i begynnelsen eller sista stadiet.
Sammanfattningen kan inte göras, sammanfattningen är omöjlig.
Sammanfattningen är alrunan –
(se uppslagsboken för vidskepelser:
ALRUNA
undergörande växt
som gav ifrån sig ett så ohyggligt skrik när den slets upp ur jorden
att man föll död ner. Hunden fick göra det...)

IV

Från läsidan,
närbilder.

Blåstång. I det klara vattnet lyser tångskogarna, de är unga, man vill emigrera dit, lägga sig raklång på sin spegelbild och sjunka till ett visst djup – tången som håller sig uppe med luftblåsor, som vi håller oss uppe med idéer.

Hornsimpa. Fisken som är paddan som ville bli fjäril och lyckas till en tredjedel, gömmer sig i sjögräset men dras upp med näten, fasthakad med sina patetiska taggar och vårtor – när man trasslar loss den ur nätmaskorna blir händerna skimrande av slem.

Berghällen. Ute på de solvarma lavarna kilar småkrypen, de har bråttom som sekundvisare – tallen kastar en skugga, den vandrar sakta som en timvisare – inne i mig står tiden stilla, oändligt med tid, den tid som behövs för att glömma alla språk och uppfinna perpetuum mobile.

På läsidan kan man höra gräset växa: ett svagt trummande underifrån, ett svagt dån av miljontals små gaslågor, så är det att höra gräset växa.

Och nu: vattenvidden, utan dörrar, den öppna gränsen
som växer sig allt bredare
ju längre man sträcker sig ut.

Det finns dagar då Östersjön är ett stilla oändligt tak.
Dröm då naivt om någonting som kommer krypande på taket och försöker reda ut flagglinorna,
försöker få upp
trasan –

flaggen som är så gnuggad av blåsten och rökt av skorstenarna och blekt av solen att den kan vara allas.

Men det är långt till Liepāja.

V

30 juli. Fjärden har blivit excentrisk – idag vimlar maneterna för

första gången på åratal, de pumpar sig fram lugnt och skonsamt, de hör till samma rederi: AURELIA, de driver som blommor efter en havsbegravning, tar man upp dem ur vattnet försvinner all form hos dem, som när en obeskrivlig sanning lyfts upp ur tystnaden och formuleras till död gelé, ja de är oöversättliga, de måste stanna i sitt element.

2 augusti. Någonting vill bli sagt men orden går inte med på det.
Någonting som inte kan sägas,
afasi,
det finns inga ord men kanske en stil...

Det händer att man vaknar om natten
och kastar ner några ord snabbt
på närmaste papper, på kanten av en tidning
(orden strålar av mening!)
men på morgonen: samma ord säger ingenting längre, klotter, felsägningar.
Eller fragment av den stora nattliga stilen som drog förbi?

Musiken kommer till en människa, han är tonsättare, spelas, gör karriär, blir chef för konservatoriet.
Konjunkturen vänder, han fördöms av myndigheterna.
Som huvudåklagare sätter man upp hans elev K***.
Han hotas, degraderas, förpassas.
Efter några år minskar onåden, han återupprättas.
Då kommer hjärnblödningen: högersidig förlamning med afasi, kan bara uppfatta korta fraser, säger fel ord.
Kan alltså inte nås av upphöjelse eller fördömanden.
Men musiken finns kvar, han komponerar fortfarande i sin egen stil,
han blir en medicinsk sensation den tid han har kvar att leva.

Han skrev musik till texter han inte längre förstod –
på samma sätt
uttrycker vi något med våra liv
i den nynnande kören av felsägningar.

Dödsföreläsningarna pågick flera terminer. Jag var närvarande
tillsammans med kamrater som jag inte kände
(vilka är ni?)
– efteråt gick var och en till sitt, profiler.

Jag såg mot himlen och mot marken och rakt fram
och skriver sen dess ett långt brev till de döda
på en maskin som inte har färgband bara en horisontstrimma
så orden bultar förgäves och ingenting fastnar.

Jag står med handen på dörrhandtaget, tar pulsen på huset.
Väggarna är så fulla av liv
(barnen vågar inte sova ensamma uppe på kammarn – det
som gör mig trygg gör dem oroliga).

3 augusti. Där ute i det fuktiga gräset
hasar en hälsning från medeltiden: vinbergssnäckan
den subtilt grågulglimmande snigeln med sitt hus på svaj,
inplanterad av munkar som tyckte om *escargots* –
ja franciskanerna var här,
bröt sten och brände kalk, ön blev deras 1288, donation av
kung Magnus
(»Tessa almoso ok andra slika / the möta honom nw i
hymmerike«)
skogen föll, ugnarna brann, kalken seglades in
till klosterbyggena...
Syster snigel
står nästan stilla i gräset, känselspröten sugs in
och rullas ut, störningar och tveksamhet...
Vad den liknar mig själv i mitt sökande!

Vinden som blåst så noga hela dagen
– på de yttersta kobbarna är stråna allesammans räknade –
har lagt sig ner stilla inne på ön. Tändstickslågan står rak.
Marinmålningen och skogsmålningen mörknar tillsammans.
Också femvåningsträdens grönska blir svart.
»Varje sommar är den sista.« Det är tomma ord
för varelserna i sensommarmidnatten

där syrsorna syr på maskin som besatta
och Östersjön är nära
och den ensamma vattenkranen reser sig bland
törnrosbuskarna
som en ryttarstaty. Vattnet smakar järn.

VI

Mormors historia innan den glöms: hennes föräldrar dör unga,
fadern först. När änkan känner att sjukdomen ska ta också henne
går hon från hus till hus, seglar från ö till ö
med sin dotter. »Vem kan ta hand om Maria!« Ett främmande hus
på andra sidan fjärden tar emot. Där har de råd.
Men de som hade råd var inte de goda. Fromhetens mask spricker.
Marias barndom tar slut i förtid, hon går som piga utan lön
i en ständig köld. Många år. Den ständiga sjösjukan
under de långa rodderna, den högtidliga terrorn
vid bordet, minerna, gäddskinnet som knastrar
i munnen: var tacksam, var tacksam.
                                                  Hon såg sig aldrig tillbaka
men just därför kunde hon se Det Nya
och gripa tag i det.
Bort ur inringningen!

Jag minns henne. Jag tryckte mig mot henne
och i dödsögonblicket (övergångsögonblicket?) sände hon ut
   en tanke
så att jag – femåringen – förstod vad som hänt
en halvtimme innan de ringde.

Jag minns henne. Med på nästa bruna foto
är den okände –
dateras enligt kläderna till förra seklets mitt.
En man omkring trettio: de kraftiga ögonbrynen,
ansiktet som ser mig rätt in i ögonen
och viskar: »här är jag«.
Men vem »jag« är
finns det inte längre någon som minns. Ingen.

TBC? Isolering?

En gång stannade han
i den steniga gräsångande backen från sjön
och kände den svarta bindeln för ögonen.

Här, bakom täta snår – är det öns äldsta hus?
Den låga knuttimrade 200-åriga sjöboden med gråraggigt
tungt trä.
Och det moderna mässingslåset har klickat igen om
alltsammans, lyser som ringen i nosen på en gammal tjur
som vägrar att resa sig.
Så mycket hopkurat trä. På taket de uråldriga tegelpannorna
som rasat kors och tvärs på varann
(det ursprungliga mönstret rubbat av jordens rotation genom
åren)
det påminner om något... jag var där... vänta: det är den
gamla judiska kyrkogården i Prag
där de döda lever tätare än i livet, stenarna tätt tätt.

Så mycket inringad kärlek! Tegelpannorna med lavarnas
skrivtecken på ett okänt språk
är stenarna på skärgårdsfolkets ghettokyrkogård, stenarna
uppresta och hoprasade. –
Rucklet lyser
av alla dem som fördes av en viss våg, av en viss vind
hit ut till sina öden.

SANNINGSBARRIÄREN

1978

I

CITOYENS

Natten efter olyckan drömde jag om en koppärrig man
som gick och sjöng i gränderna.
Danton!
Inte den andre – Robespierre tar inte såna promenader.
Robespierre gör omsorgsfullt toalett en timme på morgonen,
resten av dygnet ägnar han åt Folket.
I pamfletternas paradis, bland dygdens maskiner.
Danton –
eller den som bar hans mask –
stod som på styltor.
Jag såg hans ansikte underifrån:
som den ärriga månen,
till hälften i ljus, till hälften i sorg.
Jag ville säga något.
En tyngd i bröstet, lodet
som får klockorna att gå,
visarna att vrida sig: år 1, år 2...
En frän doft som från sågspånen i tigerstallarna.
Och – som alltid i drömmen – ingen sol.
Men murarna lyste
i gränderna som krökte sig
ner mot väntrummet, det krökta rummet,
väntrummet där vi alla...

ÖVERGÅNGSSTÄLLET

Isblåst mot ögonen och solarna dansar
i tårarnas kaleidoskop när jag korsar
gatan som följt mig så länge, gatan
där grönlandssommaren lyser ur pölarna.

Omkring mig svärmar gatans hela kraft
som ingenting minns och ingenting vill.
I marken djupt under trafiken väntar
den ofödda skogen stilla i tusen år.

Jag får den idén att gatan ser mig.
Dess blick är så skum att solen själv
blir ett grått nystan i en svart rymd.
Men just nu lyser jag! Gatan ser mig.

GLÄNTAN

Det finns mitt i skogen en oväntad glänta som bara kan hittas av den som gått vilse.

Gläntan är omsluten av en skog som kväver sig själv. Svarta stammar med lavarnas askgrå skäggstubb. De tätt sammanskruvade träden är döda ända upp i topparna där några enstaka gröna kvistar vidrör ljuset. Därunder: skugga som ruvar på skugga, kärret som växer.

Men på den öppna platsen är gräset underligt grönt och levande. Här ligger stora stenar, liksom ordnade. De måste vara grundstenarna i ett hus, jag kanske tar fel. Vilka levde här? Ingen kan ge upplysning om det. Namnen finns någonstans i ett arkiv som ingen öppnar (det är bara arkiven som håller sig unga). Den muntliga traditionen är död och därmed minnena. Zigenarstammen minns men de skrivkunniga glömmer. Anteckna och glöm.

Torpet sorlar av röster, det är världens centrum. Men invånarna dör eller flyttar ut, krönikan upphör. Det står öde i många år. Och torpet blir en sfinx. Till slut är allt borta utom grundstenarna.

På något sätt har jag varit här förut, men måste gå nu. Jag dyker in bland snåren. Det går bara att tränga sig igenom med ett steg framåt och två åt sidan, som en schackspringare.

Så småningom glesnar det och ljusnar. Stegen blir längre. En gångstig smyger sig fram till mig. Jag är tillbaka i kommunikationsnätet.

På den nynnande kraftledningsstolpen sitter en skalbagge i solen. Under de glänsande sköldarna ligger flygvingarna hopvecklade lika sinnrikt som en fallskärm packad av en expert.

BÖRJAN PÅ SENHÖSTNATTENS ROMAN

Passagerarbåten luktar olja och nånting skallrar hela tiden som en tvångstanke. Strålkastaren tänds. Vi närmar oss bryggan. Det är bara jag som ska av här. »Behöveru landgången?« Nej. Jag tar ett långt vacklande kliv rätt in i natten och står på bryggan, på ön. Jag känner mig blöt och ovig, en fjäril som just krupit ur puppskalet, plastpåsarna i vardera handen hänger som missbildade vingar. Jag vänder mig om och ser båten glida bort med sina lysande fönster, trevar mig sen fram till huset som stått tomt så länge. Alla hus i grannskapet står obebodda... Det är skönt att somna in här. Jag ligger på rygg och vet inte om jag sover eller är vaken. Några böcker jag läst passerar förbi som gamla seglare på väg till Bermuda-triangeln för att försvinna utan spår... Det hörs ett ihåligt ljud, en tankspridd trumma. Ett föremål som blåsten åter och åter dunkar mot något som jorden håller stilla. Om natten inte bara är frånvaron av ljus, om natten verkligen *är* något, så är den detta ljud. Stetoskopljuden från ett långsamt hjärta, det bultar, tystnar ett tag, kommer tillbaka. Som om varelsen rörde sig i sick-sack över Gränsen. Eller någon som bultar i en vägg, någon som hör till den andra världen men blev kvar här, bultar, vill tillbaka. Försent! Hann inte dit ner, hann inte dit upp, hann inte ombord... Den andra världen är också den här världen. Nästa morgon ser jag en fräsande gyllenbrun lövruska. En krypande rotvälta. Stenar med ansikten. Skogen är full av akterseglade vidunder som jag älskar.

TILL MATS OCH LAILA

Datumlinjen ligger stilla mellan Samoa och Tonga men Midnattslinjen glider fram över oceanen och öarna och hyddornas tak. De sover där, på andra sidan. Här i Värmland är det mitt på dagen, en solbrinnande försommardag – jag har slängt ifrån mig bagaget. En simtur i himlen, vad luften är blå... Då ser jag plötsligt åsarna på andra sidan sjön: de är kalhuggna. Liknar de rakade partierna av hjässan på en patient som ska hjärnopereras. Det har funnits där hela tiden, jag såg det inte förrän nu. Skygglappar och nackspärr... Resan fortsätter. Nu är landskapet fullt av streck och linjer, som på de gamla gravyrerna där människor rörde sig små mellan kullar och berg som liknade myrstackar och byar som också var tusentals streck. Och varje människomyra drog sitt streck till den stora gravyren, det fanns inget riktigt centrum men allt levde. En annan sak: figurerna är små men de har alla ett eget ansikte, gravören har unnat dem det, nej de är inga myror. De flesta är enkla människor men de kan skriva sitt namn. Proteus däremot är en modern människa och uttrycker sig flytande i alla stilar, kommer med »raka budskap« eller krusiduller, beroende på vilket gäng han tillhör just nu. Men han kan inte skriva sitt namn. Han ryggar tillbaka för det som varulven för silverkulan. Det kräver de inte heller, inte bolagshydran, inte

Staten... Resan fortsätter. I det här huset bor en man som blev desperat en kväll och sköt skarpt mot den tomma hängmattan som svävade över gräset. Och Midnattslinjen närmar sig, den har snart gått halva varvet runt. (Kom inte och påstå att jag vill vrida klockan tillbaka!) Tröttheten ska strömma in genom hålet som blev efter solen... Aldrig var jag med om att ett visst ögonblicks diamant drog en outplånlig repa tvärs över världsbilden. Nej det var nötningen, den ständiga nötningen som suddade ut det ljusa främmande leendet. Men något håller på att bli synligt igen, det håller på att *nötas* fram, börjar likna ett leende, man vet inte vad det kan vara värt. Ouppklarat. Det är någon som hugger tag i min arm varje gång jag försöker skriva.

FRÅN VINTERN 1947

Om dagarna i skolan den dova myllrande fästningen.
I skymningen gick jag hem under skyltarna.
Då kom viskningen utan läppar: »Vakna sömngångare!«
och alla föremål pekade mot Rummet.

Femte våningen, rummet mot gården. Lampan brann
i en cirkel av skräck alla nätter.
Jag satt utan ögonlock i sängen och såg
bildband bildband med de sinnessjukas tankar.

Som om det var nödvändigt...
Som om den sista barndomen slogs sönder
för att kunna passera genom gallret.
Som om det var nödvändigt...

Jag läste i böcker av glas men såg bara det andra:
fläckarna som trängde fram genom tapeterna.
Det var de levande döda
som ville ha sina porträtt målade!

Tills gryningen då sophämtarna kom
och slamrade med plåtkärlen där nere
bakgårdens fridfulla grå klockor
som ringde mig till sömns.

II

SCHUBERTIANA

I

I kvällsmörkret på en plats utanför New York, en utsiktspunkt där man med en enda blick kan omfatta åtta miljoner människors hem.
Jättestaden där borta är en lång flimrande driva, en spiralgalax från sidan.
Inne i galaxen skjuts kaffekoppar över disken, skyltfönstren tigger av förbipasserande, ett vimmel av skor som inte sätter några spår.
De klättrande brandstegarna, hissdörrarna som glider ihop, bakom dörrar med polislås ett ständigt svall av röster.
Hopsjunkna kroppar halvsover i tunnelbanevagnarna, de framrusande katakomberna.
Jag vet också – utan all statistik – att just nu spelas Schubert i något rum därborta och att för någon är de tonerna verkligare än allt det andra.

II

Människohjärnans ändlösa vidder är hopskrynklade till en knytnäves storlek.
I april återvänder svalan till sitt fjolårsbo under takrännan på just den ladan i just den socknen.
Hon flyger från Transvaal, passerar ekvatorn, flyger under sex veckor över två kontinenter, styr mot just denna försvinnande prick i landmassan.
Och han som fångar upp signalerna från ett helt liv i några ganska vanliga ackord av fem stråkar
han som får en flod att strömma genom ett nålsöga
är en tjock yngre herre från Wien, av vännerna kallad »Svampen«, som sov med glasögonen på
och ställde sig punktligt vid skrivpulpeten om morgonen.
Varvid notskriftens underbara tusenfotingar satte sig i rörelse.

III

De fem stråkarna spelar. Jag går hem genom ljumma skogar med marken fjädrande under mig
kryper ihop som en ofödd, somnar, rullar viktlös in i framtiden, känner plötsligt att växterna har tankar.

IV

Så mycket vi måste lita på för att kunna leva vår dagliga dag
utan att sjunka genom jorden!
Lita på snömassorna som klamrar sig fast vid bergssluttningen
ovanför byn.
Lita på tysthetslöftena och samförståndsleendet, lita på att
olyckstelegrammen inte gäller oss och att det plötsliga
yxhugget inifrån inte kommer.
Lita på hjulaxlarna som bär oss på motorleden mitt i den
trehundra gånger förstorade bisvärmen av stål.
Men ingenting av det där är egentligen värt vårt förtroende.
De fem stråkarna säger att vi kan lita på någonting annat.
På vad? På någonting annat, och de följer oss en bit på väg dit.
Som när ljuset slocknar i trappan och handen följer – med
förtroende – den blinda ledstången som hittar i mörkret.

V

Vi tränger ihop oss framför pianot och spelar med fyra
händer i f-moll, två kuskar på samma ekipage, det ser en
aning löjligt ut.
Händerna tycks flytta klingande vikter fram och tillbaka,
som om vi rörde motvikterna
i ett försök att rubba den stora vågarmens ohyggliga balans:
glädje och lidande väger precis lika.

Annie sa »den här musiken är så heroisk«, och det är sant.
Men de som sneglar avundsjukt på handlingens män, de som
innerst inne föraktar sig själva för att de inte är mördare
de känner inte igen sig här.
Och de många som köper och säljer människor och tror att alla
kan köpas, de känner inte igen sig här.
Inte deras musik. Den långa melodin som är sig själv i alla
förvandlingar, ibland glittrande och vek, ibland skrovlig och
stark, snigelspår och stålwire.
Det envisa gnolandet som följer oss just nu
uppför
djupen.

III

GALLERIET

Jag låg över på ett motell vid E3.
I mitt rum där fanns en lukt som jag känt förut
bland de asiatiska samlingarna på ett museum:

masker tibetanska japanska mot en ljus vägg.

Men det är inte masker nu utan ansikten

som tränger fram genom glömskans vita vägg
för att andas, för att fråga om något.
Jag ligger vaken och ser dem kämpa
och försvinna och återkomma.

Några lånar drag av varann, byter ansikten
långt inne i mig
där glömska och minne bedriver sin kohandel.

De tränger fram genom glömskans övermålning
den vita väggen
de försvinner och återkommer.

Här finns en sorg som inte kallar sig så.

Välkommen till de autentiska gallerierna!
Välkommen till de autentiska galärerna!
De autentiska gallren!

Karatepojken som slog en människa lam
drömmer fortfarande om snabba vinster.

Den här kvinnan köper och köper saker
för att kasta i gapet på tomrummen
som smyger bakom henne.

Herr X vågar inte lämna sin våning.
Ett mörkt staket av mångtydiga människor
står mellan honom
och den ständigt bortrullande horisonten.

Hon som en gång flydde från Karelen
hon som kunde skratta...
nu visar hon sig
men stum, förstenad, en staty från Sumer.

Som när jag var tio år och kom sent hem.
I trappuppgången slocknade lamporna
men hissen där jag stod lyste, och hissen steg
som en dykarklocka genom svarta djup
våning för våning medan inbillade ansikten
tryckte sig mot gallret...

Men det är inte inbillade ansikten nu utan verkliga.

Jag ligger utsträckt som en tvärgata.

Många stiger fram ur den vita dimman.
Vi rörde vid varann en gång, verkligen!

En lång ljus korridor som luktar karbol.
Rullstolen. Tonårsflickan
som lär sig tala efter bilkraschen.

Han som försökte ropa under vattnet
och världens kalla massa trängde in
genom näsa och mun.

Röster i mikrofonen sa: Fart är makt
fart är makt!
Spela spelet, the show must go on!

I karriären rör vi oss stelt steg för steg
som i ett no-spel
med masker, skrikande sång: Jag, det är Jag!
Den som slogs ut
representerades av en hoprullad filt.

En konstnär sa: Förr var jag en planet
med en egen tät atmosfär.
Strålarna utifrån bröts där till regnbågar.
Ständiga åskväder rasade inom, inom.

Nu är jag slocknad och torr och öppen.
Jag saknar numera barnslig energi.
Jag har en het sida och en kall sida.

Inga regnbågar.

Jag låg över i det lyhörda huset.
Många vill komma in där genom väggarna
men de flesta tar sig inte ända fram:

de överröstas av glömskans vita brus.

Anonym sång drunknar i väggarna.
Försynta knackningar som inte vill höras
utdragna suckar
mina gamla repliker som kryper hemlösa.

Hör samhällets mekaniska självförebråelser
stora fläktens röst
som den konstgjorda blåsten i gruvgångarna
sexhundra meter nere.

Våra ögon står vidöppna under bandagen.

Om jag åtminstone kunde få dem att känna
att den här skälvningen under oss
betyder att vi är på en bro…

Ofta måste jag stå alldeles orörlig.
Jag är knivkastarens partner på cirkus!
Frågor jag slängt ifrån mig i raseri
kommer vinande tillbaka

träffar inte men naglar fast min kontur
i grova drag
sitter kvar när jag har gått från platsen.

Ofta måste jag tiga. Frivilligt!
Därför att »sista ordet« sägs gång på gång.
Därför att goddag och adjö...
Därför att den dag som idag är...

Därför att marginalerna stiger till sist
över sina bräddar
och översvämmar texten.

Jag låg över på sömngångarnas motell.
Många ansikten härinne är förtvivlade
andra utslätade
efter pilgrimsvandringarna genom glömskan.

De andas försvinner kämpar sig tillbaka
de ser förbi mig
de vill alla fram till rättvisans ikon.

Det händer men sällan
att en av oss verkligen *ser* den andre:

ett ögonblick visar sig en människa
som på ett fotografi men klarare
och i bakgrunden
någonting som är större än hans skugga.

Han står i helfigur framför ett berg.
Det är mera ett snigelskal än ett berg.
Det är mera ett hus än ett snigelskal.
Det är inte ett hus men har många rum.
Det är otydligt men överväldigande.
Han växer fram ur det, och det ur honom.
Det är hans liv, det är hans labyrint.

IV

MINUSGRADER

Vi är på en fest som inte älskar oss. Till sist låter festen sin mask falla och visar sig som den verkligen är: en växlingsbangård. Kalla kolosser står på skenor i dimman. En krita har klottrat på vagnsdörrarna.

Det får inte nämnas, men här finns mycket undertryckt våld. Därför är detaljerna så tunga. Och så svårt att se det andra som också finns: en solkatt som flyttar sig på husväggen och glider genom den ovetande skogen av flimrande ansikten, ett bibelord som aldrig skrevs: »Kom till mig, ty jag är motsägelsefull som du själv.«

I morgon arbetar jag i en annan stad. Jag susar dit genom morgontimman som är en stor svartblå cylinder. Orion hänger ovanför tjälen. Barn står i en tyst klunga och väntar på skolbussen, barn som ingen ber för. Ljuset växer sakta som vårt hår.

BÅTEN – BYN

En portugisisk fiskebåt, blå, kölvattnet rullar upp
 Atlanten ett stycke.
En blå punkt långt ute, och ändå är jag där – de sex
 ombord märker inte att vi är sju.

Jag såg en sån båt byggas, den låg som en stor luta
 utan strängar
i fattigravinen: byn där man tvättar och tvättar i ur-
 sinne, tålamod, vemod.

Svart av folk på stranden. Det var ett möte som skingrades,
 högtalarna bars bort.
Soldater ledde talarens Mercedes genom trängseln, ord
 trummade mot plåtsidorna.

SVARTA BERGEN

I nästa kurva kom bussen loss ur bergets kalla skugga
vände nosen mot solen och kröp rytande uppför.
Vi trängdes i bussen. Diktatorns byst var också med
inslagen i tidningspapper. En flaska gick från mun till mun.
Döden födelsemärket växte olika snabbt hos alla.
Uppe i bergen hann det blå havet ikapp himlen.

HEMÅT

Ett telefonsamtal rann ut i natten och glittrade på landsbygden
och i förstäderna.
Efteråt sov jag oroligt i hotellsängen.
Jag liknade nålen i en kompass som orienteringslöparen bär
genom skogen med bultande hjärta.

EFTER EN LÅNG TORKA

Sommaren är grå just nu underliga kväll.
Regnet smyger ner från himlen
och tar mark stilla
som om det gällde att övermanna en sovande.

Vattenringarna myllrar på fjärdens yta
och det är den enda yta som finns –
det andra är höjd och djup
stiga och sjunka.

Två tallstammar
skjuter upp och fortsätter i långa ihåliga signaltrummor.
Borta är städerna och solen.
Åskan finns i det höga gräset.

Det går att ringa upp hägringens ö.
Det går att höra den gråa rösten.
Järnmalm är honung för åskan.
Det går att leva med sin kod.

SKOGSPARTI

På vägen dit smattrade ett par uppskrämda vingar, det var allt. Dit går man ensam. Det är en hög byggnad som helt och hållet består av springor, en byggnad som alltid vacklar men aldrig kan störta. Den tusenfaldiga solen svävar in genom springorna. I spelet av ljus råder en omvänd tyngdlag: huset förankras i himlen och det som faller, det faller uppåt. Där får man vända sig om. Där är det tillåtet att sörja. Där vågar man se vissa gamla sanningar som annars alltid hålls nerpackade. Mina roller på djupet, de flyter upp där, hänger som de torkade skallarna i förfädershyddan på någon melanesisk avkroksö. En barnslig dager kring de hiskliga troféerna. Så mild är skogen.

FUNCHAL

Fiskrestaurangen på stranden, enkel, ett skjul uppfört av skeppsbrutna. Många vänder i dörren men inte vindstötarna från havet. En skugga står i sin rykande hytt och steker två fiskar enligt ett gammalt recept från Atlantis, små explosioner av vitlök, olja som rinner på tomatskivorna. Varje tugga säger att oceanen vill oss väl, ett nynnande från djupen.

Hon och jag ser in i varann. Som att klättra uppför de vilt blommande sluttningarna utan att känna den minsta trötthet. Vi är på djursidan, välkomna, åldras inte. Men vi har upplevt så mycket tillsammans, det minns vi, också stunder då vi inte var mycket värda (som när vi köade för att ge den välmående jätten blod – han hade beordrat transfusion), händelser som skulle ha skilt oss om de inte hade förenat oss, och händelser som vi glömt tillsammans – men de har inte glömt oss! De blev stenar, mörka och ljusa. Stenarna i en förskingrad mosaik. Och nu händer det: skärvorna flyger samman, mosaiken blir till. Den väntar på oss. Den strålar från väggen i hotellrummet, en design våldsam och öm, kanske ett ansikte, vi hinner inte uppfatta allt när vi drar av oss kläderna.

I skymningen går vi ut. Uddens väldiga mörkblå tass ligger slängd i havet. Vi går in i människovirveln, knuffas omkring vänligt, mjuka kontroller, alla pratar ivrigt på det främmande språket. »Ingen människa är en ö.« Vi blir starka av *dem*, men också av oss själva. Av det inom oss som den andre inte kan se. Det som bara kan möta sig själv. Den innersta paradoxen, garageblomman, ventilen mot det goda mörkret. En dryck som bubblar i tomma glas. En högtalare som utsänder tystnad. En gångstig som växer igen bakom varje steg. En bok som bara kan läsas i mörkret.

DET VILDA TORGET

1983

I

KORT PAUS I ORGELKONSERTEN

Orgeln slutar att spela och det blir dödstyst i kyrkan
men bara ett par sekunder.
Så tränger det svaga brummandet igenom från
trafiken därute, den större orgeln.

Ja vi är omslutna av trafikens mumlande som vandrar
runt längs domkyrkans väggar.
Där glider yttervärlden som en genomskinlig film
och med kämpande skuggor i pianissimo.

Som om den ingick bland ljuden från gatan hör jag en
av mina pulsar slå i tystnaden,
jag hör mitt blod kretsa, kaskaden som gömmer sig
inne i mig, som jag går omkring med,

och lika nära som mitt blod och lika långt borta som
ett minne från fyraårsåldern
hör jag långtradaren som går förbi och får de sex-
hundraåriga murarna att darra.

Här är så olikt en modersfamn som någonting kan
bli, ändå är jag ett barn just nu
som hör de vuxna prata långt borta, vinnarnas och
förlorarnas röster flyter ihop.

På de blå bänkarna sitter en gles församling. Och
pelarna reser sig som underliga träd:
inga rötter (bara det gemensamma golvet) och ingen
krona (bara det gemensamma taket).

Jag återupplever en dröm. Att jag står på en kyrko-
gård ensam. Överallt lyser ljung
så långt ögat når. Vem väntar jag på? En vän. Varför
kommer han inte? Han är redan här.

Sakta skruvar döden upp ljuset underifrån, från marken.
Heden lyser allt starkare lila –
nej i en färg som ingen sett... tills morgonens bleka
ljus viner in genom ögonlocken

och jag vaknar till det där orubbliga KANSKE som
bär mig genom den vacklande världen.
Och varje abstrakt bild av världen är lika omöjlig som
ritningen till en storm.

Hemma stod allvetande Encyklopedin, en meter i bokhyllan, jag lärde mig läsa i den.
Men varje människa får sin egen encyklopedi skriven, den växer fram i varje själ,

den skrivs från födelsen och framåt, de hundratusentals sidorna står pressade mot varann
och ändå med luft emellan! som de dallrande löven i en skog. Motsägelsernas bok.

Det som står där ändras varje stund, bilderna retuscherar sig själva, orden flimrar.
En svallvåg rullar genom hela texten, den följs av nästa svallvåg, och nästa…

FRÅN MARS -79

Trött på alla som kommer med ord, ord men inget språk
for jag till den snötäckta ön.
Det vilda har inga ord.
De oskrivna sidorna breder ut sig åt alla håll!
Jag stöter på spåren av rådjursklövar i snön.
Språk men inga ord.

MINNENA SER MIG

En junimorgon då det är för tidigt
att vakna men för sent att somna om.

Jag måste ut i grönskan som är fullsatt
av minnen, och de följer mig med blicken.

De syns inte, de smälter helt ihop
med bakgrunden, perfekta kameleonter.

De är så nära att jag hör dem andas
fast fågelsången är bedövande.

VINTERNS BLICK

Jag lutar som en stege och når in
med ansiktet i körsbärsträdets första våning.
Jag är inne i färgernas klocka som ringer av sol.
De svartröda bären gör jag slut på fortare än fyra skator.

Då träffas jag plötsligt av kylan från långt håll.
Ögonblicket svartnar
och sitter kvar som yxans märke i en stam.

Från och med nu är det sent. Vi ger oss av
halvspringande
utom synhåll, ner, ner i det antika kloaksystemet.
Tunnlarna. Där vandrar vi i månader,
halvt i tjänst och halvt på flykt.

Kort andakt när någon lucka öppnar sig över oss
och ett svagt ljus faller.
Vi ser uppåt: stjärnhimlen genom avloppsgallret.

STATIONEN

Ett tåg har rullat in. Här står vagn efter vagn,
men inga dörrar öppnas, ingen går av eller på.
Finns några dörrar ens? Därinne vimlar det
av instängda människor som rör sig av och an.
De stirrar ut genom de orubbliga fönstren.
Och ute går en man längs tåget med en slägga.
Han slår på hjulen, det klämtar svagt. Utom just här!
Här sväller klangen ofattbart: ett åsknedslag,
en domkyrkoklockklang, en världsomseglarklang
som lyfter hela tåget och nejdens våta stenar.
Allt sjunger. Ni ska minnas det. Res vidare!

II

SVAR PÅ BREV

I nedersta byrålådan hittar jag ett brev som första gången kom för tjugosex år sedan. Ett brev i panik, som fortfarande andas när det kommer för andra gången.

Ett hus har fem fönster: genom fyra lyser dagen klar och stilla. Det femte vetter mot en svart himmel, åska och storm. Jag står vid det femte fönstret. Brevet.

Ibland vidgar sig en avgrund mellan tisdag och onsdag men tjugosex år kan passeras på ett ögonblick. Tiden är ingen rak sträcka utan snarare en labyrint, och om man trycker sig mot väggen på rätt ställe kan man höra de skyndande stegen och rösterna, kan man höra sig själv gå förbi där på andra sidan.

Fick det brevet någonsin ett svar? Jag minns inte, det *var* länge sen. Havets oräkneliga trösklar fortsatte att vandra. Hjärtat fortsatte att ta sina språng från sekund till sekund, som paddan i augustinattens våta gräs.

De obesvarade breven samlas högt uppe, som cirro-stratusmoln förebådande oväder. De gör solstrålarna mattare. En gång ska jag svara. En gång då jag är död och äntligen får koncentrera mig. Eller åtminstone så långt härifrån att jag kan återfinna mig själv. När jag går nyanländ i den stora staden, på 125:e gatan, i blåsten på de dansande sopornas gata. Jag som älskar att ströva och försvinna i mängden, en bokstav T i den oändliga textmassan.

ISLÄNDSK ORKAN

Inget jordskalv men himlabävning. Turner kunde ha målat det, fastsurrad. En ensam vante virvlade förbi nyss, flera kilometer från sin hand. Jag ska ta mig fram i motvind till det där huset på andra sidan fältet. Jag fladdrar i orkanen. Jag är röntgad, skelettet lämnar in sin avskedsansökan. Paniken växer medan jag kryssar, jag går i kvav, jag går i kvav och drunknar på torra land! Vad det är tungt, allt jag plötsligt har att släpa på, vad det är tungt för fjärilen att bogsera en pråm! Äntligen framme. En sista brottning med dörren. Och nu inne. Och nu inne. Bakom den stora glasrutan. Vilken egendomlig och storslagen uppfinning är inte glaset – att vara nära utan att drabbas... Ute rusar en hord av genomskinliga sprinters i jätteformat över lavaslätten. Men jag fladdrar inte längre. Jag sitter bakom glaset, stilla, mitt eget porträtt.

BLÅSIPPORNA

Att förtrollas – ingenting är enklare. Det är ett av markens och vårens äldsta trick: blåsipporna. De är på något vis oväntade. De skjuter upp ur det bruna fjolårsprasslet på förbisedda platser där blicken annars aldrig stannar. De brinner och svävar, ja just svävar, och det beror på färgen. Den där ivriga violettblå färgen väger numera ingenting. Här är extas men lågt i tak. »Karriär« – ovidkommande! »Makt« och »publicitet« – löjeväckande! De ställde visst till med stor mottagning uppe i Nineve, the giordo rusk ok mykit bangh. Högt i tak – över alla hjässor hängde kristallkronorna som gamar av glas. Istället för en sådan överdekorerad och larmande återvändsgränd öppnar blåsipporna en lönngång till den verkliga festen, som är dödstyst.

KOMMENTAR:
»the giordo rusk« etc. citat ur Erikskrönikan (1300-talet), beskriver musikutövning.

DET BLÅ HUSET

Det är en natt med strålande sol. Jag står i den täta skogen och ser bort mot mitt hus med sina disblåa väggar. Som om jag vore nyligen död och såg huset från en ny vinkel.

Det har stått mer än åtti somrar. Dess trä är impregnerat med fyra gånger glädje och tre gånger sorg. När någon som bott i huset dör målas det om. Den döda personen målar själv, utan pensel, inifrån.

På andra sidan är det öppen terräng. Förr en trädgård, nu förvildad. Stillastående brottsjöar av ogräs, pagoder av ogräs, framvällande text, upanishader av ogräs, en vikingaflotta av ogräs, drakhuvuden, lansar, ett ogräsimperium!

Över den förvildade trädgården flaxar skuggan av en bumerang som kastas gång på gång. Det har samband med en som bodde i huset långt före min tid. Nästan ett barn. En impuls utgår från honom, en tanke, en viljetanke: »skapa... rita...« För att hinna ut ur sitt öde.

Huset liknar en barnteckning. En ställföreträdande barnslighet som växte fram därför att någon alltför tidigt avsade sig uppdraget att vara barn. Öppna dörren, stig in! Här inne är oro i taket och fred i väggarna. Över sängen hänger en amatörtavla, föreställande ett skepp med sjutton segel, fräsande vågkammar och en vind som den förgyllda ramen inte kan hejda.

Det är alltid så tidigt här inne, det är före vägskälen, före de oåterkalleliga valen. Tack för det här livet! Ändå saknar jag alternativen. Alla skisser vill bli verkliga.

En motor på vattnet långt borta tänjer ut sommarnattens horisont. Både glädje och sorg sväller i daggens förstoringsglas. Vi vet det egentligen inte, men anar det: det finns ett systerfartyg till vårt liv, som går en helt annan trad. Medan solen brinner bakom öarna.

III

SATELLITÖGON

Marken är sträv, ingen spegel.
Bara de grövsta andarna
kan spegla sig där: Månen
och Istiden.

Kom närmare i drakdiset!
Tunga moln, myllrande gator.
Ett susande regn av själar.
Kaserngårdar.

NITTONHUNDRAÅTTIO

Hans blick flyttar sig ryckvis över tidningssidan.
Då kommer känslor så frusna att de tas för tankar.
Bara i djup hypnos kunde han bli sitt andra jag,
sin dolda syster, kvinnan som går med de hundratusen
skriande »Död åt schahen!« – fast han redan är död –
ett marscherande svart tält, from och full av hat.
Jihad! Två som aldrig ska mötas tar hand om världen.

SVARTA VYKORT

I

Almanackan fullskriven, framtid okänd.
Kabeln nynnar folkvisan utan hemland.
Snöfall i det blystilla havet. Skuggor
            brottas på kajen.

II

Mitt i livet händer att döden kommer
och tar mått på människan. Det besöket
glöms och livet fortsätter. Men kostymen
            sys i det tysta.

ELDKLOTTER

Under de dystra månaderna gnistrade mitt liv till
bara när jag älskade med dig.
Som eldflugan tänds och slocknar, tänds och slocknar
– glimtvis kan man följa dess väg
i nattmörkret mellan olivträden.

Under de dystra månaderna satt själen hopsjunken
och livlös
men kroppen gick raka vägen till dig.
Natthimlen råmade.
Vi tjuvmjölkade kosmos och överlevde.

MÅNGA STEG

Ikonerna las i jorden med ansiktet uppåt
och jorden trampades till
av hjul och skor, av tusen steg,
av tiotusen tvivlares tunga steg.

I drömmen steg jag ner i en självlysande bassäng
under jorden,
en svallande gudstjänst.
Vilken stark längtan! Vilket idiotiskt hopp!
Och över mig trampet av miljoner tvivlare.

POSTLUDIUM

Jag släpar som en dragg över världens botten.
Allt fastnar som jag inte behöver.
Trött indignation, glödande resignation.
Bödlarna hämtar sten, Gud skriver i sanden.

Tysta rum.
Möblerna står flygfärdiga i månskenet.
Jag går sakta in i mig själv
genom en skog av tomma rustningar.

IV

DRÖMSEMINARIUM

Fyra miljarder människor på jorden.
Och alla sover, alla drömmer.
I varje dröm trängs ansikten och kroppar –
de drömda människorna är fler än vi.
Men de tar ingen plats...
Det händer att du somnar på teatern.
Mitt under pjäsen sjunker ögonlocken.
En kort stunds dubbelexponering: scenen
där framme överflyglas av en dröm.
Sen finns det ingen scen mer, den är du.
Teatern i det ärliga djupet!
Mysteriet med den överansträngde
teaterdirektören!
De ständiga nyinstuderingarna...
Ett sovrum. Det är natt.
Den mörka himlen flyter genom rummet.
Den bok som någon somnade ifrån
är fortfarande uppslagen
och ligger skadskjuten på sängkanten.
Den sovandes ögon rör sig,
de följer den bokstavslösa texten
i en annan bok –

illuminerad, ålderdomlig, snabb.
En hisnande commedia som präntas
innanför ögonlockens klostermurar.
Ett enda exemplar. Det finns just nu!
I morgon är alltsammans utstruket.
Mysteriet med det stora slöseriet!
Utplåningen... Som när turisten hejdas
av misstänksamma män i uniform –
de öppnar kameran, rullar ut hans film
och låter solen döda bilderna:
så mörkläggs drömmarna av dagens ljus.
Utplånat eller bara osynligt?
Det finns ett utom-synhåll-drömmande
som alltid pågår. Ljus för andra ögon.
En zon där krypande tankar lär sig gå.
Ansikten och gestalter omgrupperas.
Vi rör oss på en gata, bland människor
i solgasset.
Men lika många eller fler
som vi inte ser
finns inne i de mörka byggnader
som reser sig på båda sidorna.
Ibland går någon av dem fram till fönstret
och kastar en blick ner på oss.

CODEX

Fotnoternas män, inte rubrikernas. Jag befinner mig
i den djupa korridoren
som skulle varit mörk
om inte min högra hand lyste som en ficklampa.
Ljuset faller på något som skrivits på väggen
och jag ser det
som dykaren ser det sjunkna skrovets namn flimra
emot sig i det strömmande djupet:
ADAM ILEBORGH 1448. Vem?
Han som fick orgeln att breda ut sina klumpiga
vingar och stiga –
den höll sig svävande närapå en minut.
Vilket lyckat experiment!
Skrivet på väggen: MAYONE, DAUTHENDEY,
KAMINSKI... Ljuset faller på namn efter namn.
Väggarna är fullklottrade.
Det är de nästan utplånade konstnärernas namn
fotnoternas människor, de ospelade, de halvglömda,
de odödliga okända.
Ett ögonblick känns det som om de alla viskar sina
namn på en gång –

viskning adderad till viskning till en brottsjö som
störtar korridoren fram
utan att slå omkull någon.
Förresten är det inte längre en korridor.
Varken begravningsplats eller marknadstorg men
något av bägge.
Det är även ett växthus.
Här finns massor med syre.
Fotnoternas döda kan andas djupt, de ingår i
ekosystemet som förut.
Men det är mycket de slipper!
De slipper svälja maktens moral,
de slipper det svart- och vitrutiga spelet där
likstanken är det enda som aldrig dör.
De rehabiliteras.
Och de som inte längre kan ta emot
har inte upphört med att ge.
De rullade ut den strålande och svårmodiga
gobelängen ett stycke
och släppte taget sen.
Somliga är anonyma, de är mina vänner
men jag känner dem inte, de liknar de där sten-
människorna
som finns uthuggna på gravhällar i gamla kyrkor.
Milda eller stränga reliefer i väggar som vi snuddar
vid, figurer och namn
insjunkna i stengolven, på väg att utplånas.

Men de som verkligen vill strykas från listan...
De stannar inte i fotnoternas region,
de går in i den nedåtgående karriären som slutar i
glömska och fred.
Den totala glömskan. Det är en sorts examen
som avläggs i det tysta: att gå över gränsen och ingen
märker det...

KOMMENTAR:
Codex = handskrift. Ileborgh och Mayone är gamla orgelmästare, Kaminski en tysk 1900-talstonsättare. Dauthendey – tysk författare, död 1918.

CARILLON

Madame föraktar sina gäster därför att de vill bo på
hennes sjaskiga hotell.
Jag har hörnrummet på andra våningen: en usel säng,
en glödlampa i taket.
Egendomligt nog tunga draperier där en kvarts miljon
osynliga kvalster är på marsch.

Utanför drar en gågata förbi
med långsamma turister, snabba skolungar,
arbetsklädda män som leder skramlande cyklar.
De som tror att de får jorden att snurra och de som
tror att de hjälplöst snurrar i jordens grepp.
En gata där vi alla går, var mynnar den ut?

Rummets enda fönster vetter mot någonting annat:
Det Vilda Torget,
en mark som jäser, en stor skälvande yta, ibland full
av folk och ibland öde.

Det jag har inombords materialiseras där, all skräck,
alla förhoppningar.
Allt det otänkbara som ändå skall hända.

Jag har låga stränder, om döden stiger två decimeter
översvämmas jag.

Jag är Maximilian. Året är 1488. Jag hålls inspärrad
här i Brügge
därför att mina fiender är rådvilla –
de är onda idealister och vad de gjort på fasornas
bakgård kan jag inte beskriva, kan inte förvandla
blod till bläck.

Jag är också mannen i overall som drar sin skramlande
cykel nere på gatan.

Jag är också den som syns, turisten som går och
stannar upp, går och stannar upp
och låter blicken vandra över de gamla målningarnas
månbrända bleka ansikten och svallande tyg.

Ingen bestämmer vart jag ska gå, allra minst jag själv,
ändå är varje steg där det måste.
Att gå omkring i de fossila krigen där alla är osårbara
därför att alla är döda!

De dammiga lövmassorna, murarna med sina
gluggar, trädgårdsgångarna där förstenade tårar
knastrar under klackarna...

Oväntat som om jag klivit på en snubbeltråd sätter
klockspelet igång i det anonyma tornet.
Carillon! Säcken spricker upp i sömmarna och
tonerna rullar ut över Flandern.
Carillon! Klockornas kuttrande järn, psalm och slag-
dänga, allt i ett, och darrande skrivet i luften.
Darrhänta doktorn skrev ut ett recept som ingen kan
tyda men handstilen känns igen...

Över tak och torg, gräs och gröda
ringer klockorna mot levande och döda.
Svårt att skilja på Krist och Antikrist!
Klockorna flyger oss hem till sist.

De har tystnat.

Jag är tillbaka på hotellrummet: sängen, lampan,
draperierna. Det hörs konstiga ljud här, källaren
släpar sig uppför trapporna.

Jag ligger på sängen med armarna utbredda.
Jag är ett ankare som grävt ner sig ordentligt och
håller kvar
den väldiga skuggan som flyter där ovan,
det stora okända som jag är en del av och som säkert
är viktigare än jag.

Utanför drar gågatan förbi, gatan där mina steg dör
bort och likaså det skrivna, mitt förord till tystnaden,
min avigvända psalm.

KOMMENTAR:

Carillon = klockspel. Dikten utspelas i Brügge hösten 1982. Maximilian, sedermera kejsar Maximilian I, satt 1488 fången i Brügge, hans anhängare avrättades.

MOLOKAI

Vi står vid branten och i djupet under oss glimmar
hustaken i spetälskekolonin.
Nerstigningen kan vi klara men vi hinner aldrig
uppför branterna igen före mörkret.
Därför vänder vi tillbaka genom skogen, går bland
träd med långa blåa barr.
Här är tyst, det är en tystnad som när höken kommer.
Det är en skog som förlåter allt men ingenting glömmer.
Damien, i kärlek, valde livet och glömskan. Han fick
döden och berömmelsen.
Men vi ser de där händelserna från fel håll: ett sten-
röse istället för sfinxens ansikte.

KOMMENTAR:
Molokai. En av öarna i Hawaiigruppen. Mest bekant för sin leprakoloni, där fader Damien verkade och dog för hundra år sen.

FÖR LEVANDE OCH DÖDA

1989

DEN BORTGLÖMDE KAPTENEN

Vi har många skuggor. Jag var på väg hem
i septembernatten då Y
klev upp ur sin grav efter fyrti år
och gjorde mig sällskap.

Först var han alldeles tom, bara ett namn
men hans tankar sam
fortare än tiden rann
och hann upp oss.

Jag satte hans ögon till mina ögon
och såg krigets hav.
Den sista båten han förde
växte fram under oss.

Framför och bakom kröp atlantkonvojens fartyg
de som skulle överleva
och de som fått Märket
(osynligt för alla)

medan sömnlösa dygn avlöste varann
men aldrig honom –
flytvästen satt under oljerocken.
Han kom aldrig hem.

Det var en invärtes gråt som förblödde honom
på ett sjukhus i Cardiff.
Han fick äntligen lägga sig ner
och förvandlas till horisont.

Adjö elvaknopskonvojer! Adjö 1940!
Här slutar världshistorien.
Bombplanen blev hängande.
Ljunghedarna blommade.

Ett foto från början av seklet visar en strand.
Där står sex uppklädda pojkar.
De har segelbåtar i famnen.
Vilka allvarliga miner!

Båtarna som blev livet och döden för några av dem.
Och att skriva om de döda
är också en lek, som blir tung
av det som ska komma.

SEX VINTRAR

1

I det svarta hotellet sover ett barn.
Och utanför: vinternatten
där de storögda tärningarna rullar.

2

En elit av döda förstenades
på Katarina kyrkogård
där vinden skakar i sin rustning från Svalbard.

3

En krigsvinter då jag låg sjuk
växte en ofantlig istapp utanför fönstret.
Granne och harpun, minne utan förklaring.

4

Is hänger ned från takets kant.
Istappar: den upp och nervända gotiken.
Abstrakt boskap, juver av glas.

5

På ett sidospår en tom järnvägsvagn.
Stilla. Heraldisk.
Med resorna i sina klor.

6

Ikväll snödis, månsken. Månskensmaneten själv
svävar framför oss. Våra leenden
på väg hemåt. Förhäxad allé.

NÄKTERGALEN I BADELUNDA

I den gröna midnatten vid näktergalens nordgräns. Tunga löv hänger i trance, de döva bilarna rusar mot neonlinjen. Näktergalens röst stiger inte åt sidan, den är lika genomträngande som en tupps galande, men skön och utan fåfänga. Jag var i fängelse och den besökte mig. Jag var sjuk och den besökte mig. Jag märkte den inte då, men nu. Tiden strömmar ned från solen och månen och in i alla tick tack tick tacksamma klockor. Men just här finns ingen tid. Bara näktergalens röst, de råa klingande tonerna som slipar natthimlens ljusa lie.

ALKAISKT

En skog i maj. Här spökar mitt hela liv:
det osynliga flyttlasset. Fågelsång.
I tysta gölar mygglarvernas
ursinnigt dansande frågetecken.

Jag flyr till samma platser och samma ord.
Kall bris från havet, isdraken slickar mig
i nacken medan solen gassar.
Flyttlasset brinner med svala lågor.

BERCEUSE

Jag är en mumie som vilar i skogarnas blåa kista, i det ständiga
bruset av motor och gummi och asfalt.

Det som hänt under dagen sjunker, läxorna är tyngre än livet.

Skottkärran rullade fram på sitt enda hjul och själv färdades
jag på mitt snurrande psyke, men nu har tankarna slutat gå
runt och skottkärran fått vingar.

Långt om länge, då rymden är svart, ska ett flygplan komma.
Passagerarna ska se städerna under sig glittra som goternas guld.

GATOR I SHANGHAI

1

Den vita fjärilen i parken blir läst av många.
Jag älskar den där kålfjärilen som om den vore ett fladdrande
hörn av sanningen själv!

I gryningen springer folkmassorna igång vår tysta planet.
Då fylls parken av människor. Åt var och en åtta ansikten
polerade som jade, för alla situationer, för att undvika
misstag.
Åt var och en också det osynliga ansiktet som speglar »något
man inte talar om«.
Något som dyker upp i trötta stunder och är fränt som en klunk
huggormsbrännvin med den långa fjälliga eftersmaken.

Karparna i dammen rör sig ständigt, de simmar medan de sover,
de är föredömen för den troende: alltid i rörelse.

2

Det är mitt på dagen. Tvättkläderna fladdrar i den gråa
havsvinden högt över cyklisterna
som kommer i täta stim. Lägg märke till sidolabyrinterna!

Jag är omgiven av skrivtecken som jag inte kan tyda, jag är
alltigenom analfabet.
Men jag har betalat det jag skulle och har kvitto på allt.
Jag har samlat på mig så många oläsliga kvitton.
Jag är ett gammalt träd med vissna löv som hänger kvar och
inte kan falla till marken.

Och en pust från havet får alla dessa kvitton att rassla.

3

I gryningen trampar människomassorna igång vår tysta planet.
Vi är alla ombord på gatan, det är trängsel som på en färjas
däck.
Vart är vi på väg? Räcker temuggarna? Vi kan skatta oss lyckliga
som hann ombord på den här gatan!
Det är tusen år före klaustrofobins födelse.

Bakom var och en som går här svävar ett kors som vill hinna
upp oss, gå förbi oss, förena sig med oss.
Någonting som vill smyga sig på oss bakifrån och hålla för
ögonen på oss och viska »gissa vem det är!«

Vi ser nästan lyckliga ut i solen, medan vi förblöder ur
sår som vi inte vet om.

DJUPT I EUROPA

Jag mörka skrov flytande mellan två slussportar
vilar i sängen på hotellet medan staden omkring vaknar.
Det tysta larmet och grå ljuset strömmar in
och lyfter mig sakta till nästa nivå: morgonen.

Avlyssnad horisont. De vill säga något, de döda.
De röker men äter inte, de andas inte men har rösten kvar.
Jag kommer att skynda genom gatorna som en av dem.
Den svartnade katedralen, tung som en måne, gör ebb och flod.

FLYGBLAD

Det tysta raseriet klottrar på väggen inåt.
Fruktträd i blom, göken ropar.
Det är vårens narkos. Men det tysta raseriet
målar sina slagord baklänges i garagen.

Vi ser allt och ingenting, men raka som periskop
hanterade av underjordens skygga besättning.
Det är minuternas krig. Den gassande solen
står över lasarettet, lidandets parkering.

Vi levande spikar nedhamrade i samhället!
En dag skall vi lossna från allt.
Vi skall känna dödens luft under vingarna
och bli mildare och vildare än här.

INOMHUSET ÄR OÄNDLIGT

Det är våren 1827. Beethoven
hissar sin dödsmask och seglar.

Europas väderkvarnar mal.
Vildgässen flyger mot norr.

Här är norr, här är Stockholm
simmande palats och ruckel.

Vedträna i den kungliga brasan
rasar ihop från givakt till lediga.

Det råder fred vaccin och potatis
men stadens brunnar andas tungt.

Dasstunnor i bärstol som paschor
färdas om natten över Norrbro.

Kullerstenarna får dem att vackla
mamseller lodare fina herrar.

Obönhörligt stilla är skylten
med den rökande morianen.

Så många öar, så många roende
med osynliga åror motströms!

Farlederna öppnar sig, april maj
och ljuva honungsdreglande juni.

Hettan kommer till öar långt ute.
Byns dörrar står öppna, utom en.

Ormklockans visare slickar tystnaden.
Hällarna lyser med geologins tålamod.

Det hände så eller nästan så.
Det är en dunkel släkthistoria

om Erik, förgjord av ett trollskott
invalid efter en kula genom själen.

Han for till staden, mötte en fiende
och seglade hem sjuk och grå.

Den sommaren blir han liggande.
Redskapen på väggarna sörjer.

Han ligger vaken, hör nattflynas
månskenskamraternas yllefladder.

Kraften sinar, han stöter förgäves
mot den järnbeslagna morgondagen.

Och djupets Gud ropar ur djupet
»Befria mig! Befria dig själv!«

All ytans handling vänder sig inåt.
Han tas isär, han fogas ihop.

Det blåser upp och törnrosbuskarna
hakar sig fast vid ljuset som flyr.

Framtiden öppnar sig, han ser in
i det självskakande kaleidoskopet

ser otydliga fladdrande ansikten
som hör till kommande släkten.

I misshugg träffar mig hans blick
medan jag går omkring just här

i Washington bland mäktiga hus
där bara varannan pelare håller.

Vita byggnader i krematoriestil
där de fattigas dröm blir aska.

Den mjuka sluttningen börjar stupa
och omärkligt förvandlas till avgrund.

VERMEER

Ingen skyddad värld... Strax bakom väggen börjar larmet
börjar värdshuset
med skratt och kvirr, tandrader tårar klockornas dån
och den sinnesrubbade svågern, dödsbringaren som alla måste
darra för.

Den stora explosionen och räddningens försenade tramp
båtarna som kråmar sig på redden, pengarna som kryper ner i
fickan på fel man
krav som staplas på krav
gapande röda blomkalkar som svettas föraningar om krig.

Därifrån och tvärs genom väggen in i den klara ateljén
in i sekunden som får leva i århundraden.
Tavlor som kallar sig »Musiklektionen«
eller »Kvinna i blått som läser ett brev« –
hon är i åttonde månaden, två hjärtan sparkar i henne.
På väggen bakom hänger en skrynklig karta över Terra Incognita.

Andas lugnt... En okänd blå materia är fastnaglad vid stolarna.
Guldnitarna flög in med oerhörd hastighet
och tvärstannade
som om de aldrig varit annat än stillhet.

Det susar i öronen av antingen djup eller höjd.
Det är trycket från andra sidan väggen.
Det får varje faktum att sväva
och gör penseln stadig.

Det gör ont att gå genom väggar, man blir sjuk av det
men det är nödvändigt.
Världen är en. Men väggar...
Och väggen är en del av dig själv –
man vet det eller vet det inte men det är så för alla
utom för små barn. För dem ingen vägg.

Den klara himlen har ställt sig på lut mot väggen.
Det är som en bön till det tomma.
Och det tomma vänder sitt ansikte till oss
och viskar
»Jag är inte tom, jag är öppen«.

ROMANSKA BÅGAR

Inne i den väldiga romanska kyrkan trängdes turisterna
i halvmörkret.
Valv gapande bakom valv och ingen överblick.
Några ljuslågor fladdrade.
En ängel utan ansikte omfamnade mig
och viskade genom hela kroppen:
»Skäms inte för att du är människa, var stolt!
Inne i dig öppnar sig valv bakom valv oändligt.
Du blir aldrig färdig, och det är som det skall.«
Jag var blind av tårar
och föstes ut på den solsjudande piazzan
tillsammans med Mr och Mrs Jones, Herr Tanaka och
Signora Sabatini
och inne i dem alla öppnade sig valv bakom valv oändligt.

EPIGRAM

Kapitalets byggnader, mördarbinas kupor, honung för de få.
Där tjänade han. Men i en mörk tunnel vecklade han ut sina vingar
och flög när ingen såg. Han måste leva om sitt liv.

KVINNOPORTRÄTT – 1800-TAL

Rösten kvävs i klänningen. Hennes ögon
följer gladiatorn. Och sedan står hon
på arenan själv. Är hon fri? En guldram
gastkramar tavlan.

MEDELTIDA MOTIV

Under vårt förtrollande minspel väntar
alltid kraniet, pokeransiktet. Medan
solen sakta rullar förbi på himlen.
Schackspelet pågår.

Ett frisörsaxklippande ljud från snåren.
Solen rullar sakta förbi på himlen.
Schackpartiet avstannar i remi. I
regnbågens tystnad.

AIR MAIL

På jakt efter en brevlåda
bar jag brevet genom stan.
I storskogen av sten och betong
fladdrade denna vilsna fjäril.

Frimärkets flygande matta
adressens raglande bokstäver
plus min förseglade sanning
just nu svävande över havet.

Atlantens krypande silver.
Molnbankarna. Fiskebåten
som en utspottad olivkärna.
Och kölvattnets bleka ärr.

Här nere går arbetet sakta.
Jag sneglar ofta på klockan.
Trädskuggorna är svarta siffror
i den giriga tystnaden.

Sanningen finns på marken
men ingen vågar ta den.
Sanningen ligger på gatan.
Ingen gör den till sin.

MADRIGAL

Jag ärvde en mörk skog dit jag sällan går. Men det kommer en dag när de döda och levande byter plats. Då sätter sig skogen i rörelse. Vi är inte utan hopp. De svåraste brotten förblir ouppklarade trots insats av många poliser. På samma sätt finns någonstans i våra liv en stor ouppklarad kärlek. Jag ärvde en mörk skog men idag går jag i en annan skog, den ljusa. Allt levande som sjunger slingrar viftar och kryper! Det är vår och luften är mycket stark. Jag har examen från glömskans universitet och är lika tomhänt som skjortan på tvättstrecket.

GULDSTEKEL

Kopparormen den fotlösa ödlan rinner längsmed
  förstutrappan
stilla och majestätisk som en anaconda, bara storleken skiljer.
Himlen är täckt av moln men solen pressar sig igenom.
  Sådan är dagen.

I morse drev min kära bort de onda andarna.
Som när man slår upp dörren till ett mörkt magasin i södern
och ljuset väller in
och kackerlackorna pilar snabbt snabbt ut i hörnen och
  uppför väggarna
och är borta – man både såg och inte såg dem –
så fick hennes nakenhet demonerna att fly.

Som om de aldrig funnits.
Men de kommer tillbaka.
Med tusen händer som felkopplar nervernas gammalmodiga
  telefonväxel.

Det är femte juli. Lupinerna sträcker på sig som om de
  ville se havet.

Vi är i tigandets kyrka, i den bokstavslösa fromheten.
Som om de oförsonliga patriarkernas ansikten inte fanns
och felstavningen i sten av Guds namn.

Jag såg en bokstavstrogen tv-predikant som samlat in massor
med pengar.
Men han var svag nu och måste stödjas av en bodyguard
som var en välskräddad ung man med ett leende stramande
som en munkavle.
Ett leende som kvävde ett skri.
Skriet från ett barn som lämnas kvar i en säng på sjukhuset
när föräldrarna går.

Det gudomliga snuddar vid en människa och tänder en låga
men viker sedan tillbaka.
Varför?
Lågan drar till sig skuggorna, de flyger knastrande in och
förenas med lågan
som stiger och svartnar. Och röken breder ut sig svart och
strypande.
Till sist bara den svarta röken, till sist bara den fromma
bödeln.

Den fromma bödeln lutar sig fram
över torget och folkmassan som bildar en knottrig spegel
där han kan se sig själv.

Den störste fanatikern är den störste tvivlaren. Han vet
det inte.
Han är en pakt mellan två
där den ene skall vara synlig till hundra procent och den
andre osynlig.
Vad jag avskyr uttrycket »till hundra procent«!

De som inte kan vistas någonannanstans än på sin framsida
de som aldrig är tankspridda
de som aldrig öppnar fel dörr och får se en skymt av Den
Oidentifierade –
gå förbi dem!

Det är femte juli. Himlen är täckt av moln men solen pressar
sig igenom.
Kopparormen rinner längsmed förstutrappan stilla och
majestätisk som en anaconda.
Kopparormen som om det inte fanns ämbetsverk.
Guldstekeln som om det inte fanns idoldyrkan.
Lupinerna som om det inte fanns »hundra procent«.

Jag känner djupet där man är både fånge och härskare,
som Persefone.
Ofta låg jag i det stela gräset där nere
och såg jorden välva sig över mig.
Jordevalvet.
Ofta, det var halva livet.

Men idag har min blick lämnat mig.
Min blindhet har gett sig av.
Den mörka fladdermusen har lämnat ansiktet och saxar
omkring i sommarens ljusa rymd.

SORGEGONDOLEN

1996

APRIL OCH TYSTNAD

Våren ligger öde.
Det sammetsmörka diket
krälar vid min sida
utan spegelbilder.

Det enda som lyser
är gula blommor.

Jag bärs i min skugga
som en fiol
i sin svarta låda.

Det enda jag vill säga
glimmar utom räckhåll
som silvret
hos pantlånaren.

OSÄKERHETENS RIKE

Byråchefen lutar sig fram och ritar ett kryss
och hennes örhängen dinglar som damoklessvärd.

Som en spräcklig fjäril blir osynlig mot marken
flyter demonen ihop med den uppslagna tidningen.

En hjälm som bärs av ingen har tagit makten.
Modersköldpaddan flyr flygande under vattnet.

NATTBOKSBLAD

Jag landsteg en majnatt
i ett kyligt månsken
där gräs och blommor var grå
men doften grön.

Jag gled uppför sluttningen
i den färgblinda natten
medan vita stenar
signalerade till månen.

En tidrymd
några minuter lång
femtioåtta år bred.

Och bakom mig
bortom de blyskimrande vattnen
fanns den andra kusten
och de som härskade.

Människor med framtid
i stället för ansikten.

SORGEGONDOL NR 2

I

Två gubbar, svärfar och svärson, Liszt och Wagner, bor vid
Canal Grande
tillsammans med den rastlösa kvinnan som är gift med
kung Midas
han som förvandlar allting han rör vid till Wagner.
Havets gröna köld tränger upp genom golven i palatset.
Wagner är märkt, den kända kasperprofilen är tröttare
än förr
ansiktet en vit flagg.
Gondolen är tungt lastad med deras liv, två tur och retur
och en enkel.

II

Ett fönster i palatset flyger upp och man grimaserar i det
plötsliga draget.
Utanför på vattnet visar sig sopgondolen paddlad av två
enårade banditer.
Liszt har skrivit ner några ackord som är så tunga att de
borde skickas

till mineralogiska institutionen i Padova för analys.
Meteoriter!
För tunga för att vila, de kan bara sjunka och sjunka genom
framtiden ända ner
till brunskjortornas år.
Gondolen är tungt lastad med framtidens hopkurade stenar.

III

Gluggar mot 1990.

25 mars. Oro för Litauen.
Drömde att jag besökte ett stort sjukhus.
Ingen personal. Alla var patienter.

I samma dröm en nyfödd flicka
som talade i fullständiga meningar.

IV

Bredvid svärsonen som är tidens man är Liszt en maläten
grandseigneur.
Det är en förklädnad.
Djupet som prövar och förkastar olika masker har valt just
den här åt honom –
djupet som vill stiga in till människorna utan att visa sitt
ansikte.

V

Abbé Liszt är van att bära sin resväska själv genom snöglopp och solsken
och när han en gång skall dö är det ingen som möter vid stationen.
En ljum bris av mycket begåvad konjak för honom bort mitt i ett uppdrag.
Han har alltid uppdrag.
Tvåtusen brev om året!
Skolpojken som skriver det felstavade ordet hundra gånger innan han får gå hem.
Gondolen är tungt lastad med liv, den är enkel och svart.

VI

Åter till 1990.

Drömde att jag körde tjugo mil förgäves.
Då förstorades allt. Sparvar stora som höns
sjöng så att det slog lock för öronen.

Drömde att jag ritat upp pianotangenter
på köksbordet. Jag spelade på dem, stumt.
Grannarna kom in för att lyssna.

VII

Klaveret som har tigit genom hela Parsifal (men lyssnat)
får äntligen säga något.
Suckar... sospiri...
När Liszt spelar ikväll håller han havspedalen nertryckt
så att havets gröna kraft stiger upp genom golvet och flyter
samman med all sten i byggnaden.
Godafton vackra djup!
Gondolen är tungt lastad med liv, den är enkel och svart.

VIII

Drömde att jag skulle börja skolan men kom försent.
Alla i rummet bar vita masker för ansiktet.
Vem som var läraren gick inte att säga.

KOMMENTAR:
Vid årsskiftet 1882/1883 besökte Liszt sin dotter Cosima och hennes man, Richard Wagner, i Venedig. Wagner dog några månader senare. Under denna tid komponerade Liszt två pianostycken som publicerades under titeln »Sorgegondol«.

LANDSKAP MED SOLAR

Solen glider fram bakom husväggen
ställer sig mitt i gatan
och andas på oss
med sin röda blåst.
Innsbruck jag måste lämna dig.
Men i morgon
står en glödande sol
i den halvdöda grå skogen
där vi skall arbeta och leva.

NOVEMBER I FORNA DDR

Det allsmäktiga cyklopögat gick i moln
och gräset ruskade på sig i koldammet.

Mörbultade av nattens drömmar
stiger vi ombord på tåget
som stannar vid varje station
och lägger ägg.

Det är ganska tyst.
Klångandet från kyrkklockornas ämbar
som hämtat vatten.
Och någons obevekliga hosta
som skäller på allt och alla.

Ett stenbeläte rör sina läppar:
det är staden.
Där råder järnhårda missförstånd
bland kioskbiträden slaktare
plåtslagare marinofficerare
järnhårda missförstånd, akademiker.

Vad mina ögon värker!
De har läst vid lysmasklampornas matta sken.

November bjuder på karameller av granit.
Oberäkneligt!
Som världshistorien
som skrattar på fel ställe.

Men vi hör klångandet
från kyrkklockornas ämbar när de hämtar vatten
varje onsdag
– är det onsdag? –
där har vi för våra söndagar!

FRÅN JULI 90

Det var en begravning
och jag kände att den döde
läste mina tankar
bättre än jag själv.

Orgeln teg, fåglarna sjöng.
Gropen ute i solgasset.
Min väns röst höll till
på minuternas baksida.

Jag körde hem genomskådad
av sommardagens glans
av regn och stillhet
genomskådad av månen.

GÖKEN

En gök satt och hoade i björken strax norr om huset. Den var så högröstad att jag först trodde att det var en operasångare som utförde en gökimitation. Förvånad såg jag fågeln. Stjärtfjädrarna rörde sig upp och ner för varje ton, som handtaget på en pump. Fågeln hoppade jämfota, vände sig om och skrek åt alla väderstreck. Sedan lyfte den och flög småsvärande över huset och långt bort i väster... Sommaren åldras och allt flyter ihop till ett enda vemodigt sus. Cuculus canorus återvänder till tropikerna. Dess tid i Sverige är över. Den blev inte lång! I själva verket är göken medborgare i Zaire... Jag är inte längre så förtjust i att resa. Men resan besöker mig. Nu när jag trängs in alltmer i ett hörn, när årsringarna växer, när jag behöver läsglasögon. Det händer alltid mycket mer än vi kan bära! Det finns inget att förvånas över. Dessa tankar bär mig lika trofast som Susi och Chuma bar Livingstones mumie tvärs genom Afrika.

TRE STROFER

I

Riddaren och hans fru
förstenade men lyckliga
på ett flygande kistlock
utanför tiden.

II

Jesus höll upp ett mynt
med Tiberius i profil
en profil utan kärlek
makten i omlopp.

III

Ett rinnande svärd
utplånar minnena.
I marken rostar
trumpeter och gehäng.

SOM ATT VARA BARN

Som att vara barn och en oerhörd förolämpning
träs över ens huvud som en säck
genom säckens maskor skymtar solen
och man hör körsbärsträden gnola.

Men det hjälper inte, den stora förolämpningen
täcker huvud och torso och knän
och man rör sig sporadiskt
men gläds inte åt våren.

Ja, skimrande mössa drag ner den över ansiktet
stirra genom maskorna.
På fjärden myllrar vattenringarna ljudlöst.
Gröna blad förmörkar jorden.

TVÅ STÄDER

På var sin sida om ett sund, två städer
den ena mörklagd, ockuperad av fienden.
I den andra brinner lamporna.
Den lysande stranden hypnotiserar den mörka.

Jag simmar ut i trance
på de glittrande mörka vattnen.
En dov tubastöt tränger in.
Det är en väns röst, tag din grav och gå.

LJUSET STRÖMMAR IN

Utanför fönstret är vårens långa djur
den genomskinliga draken av solsken
rinner förbi som ett ändlöst
förortståg – vi hann aldrig se huvudet.

Strandvillorna flyttar sig i sidled
de är stolta som krabbor.
Solen får statyerna att blinka.

Det rasande eldhavet ute i rymden
transjorderas till en smekning.
Nedräkningen har börjat.

NATTLIG RESA

Det myllrar under oss. Tågen går.
Hotell Astoria darrar.
Ett glas vatten vid sängkanten
lyser i tunnlarna.

Han drömde att han var fånge i Svalbard.
Planeten vred sig mullrande.
Tindrande ögon gick över isarna.
Miraklernas skönhet fanns.

HAIKUDIKTER

I

Kraftledningarna
spända i köldens rike
norr om all musik.

*

Den vita solen
träningslöper ensam mot
dödens blåa berg.

*

Vi måste leva
med det finstilta gräset
och källarskrattet.

*

Solen står lågt nu.
Våra skuggor är jättar.
Snart är allt skugga.

II

Orkidéerna.
Tankbåtar glider förbi.
Det är fullmåne.

III

Medeltida borg,
främmande stad, kalla sfinx,
tomma arenor.

*

Löven viskade:
ett vildsvin spelar orgel.
Och klockorna slog.

*

Och natten strömmar
från öster till väster med
månens hastighet.

IV

Ett par trollsländor
fasthakade i varann
svirrade förbi.

*

Närvaro av Gud.
I fågelsångens tunnel
öppnas en låst port.

*

Ekar och månen.
Ljus och tysta stjärnbilder.
Det kalla havet.

FRÅN ÖN 1860

I

En dag när hon sköljde tvätt från bryggan
steg fjärdens köld upp genom armarna
och in i livet.

Tårarna frös till glasögon.
Ön lyfte sig själv i gräset
och strömmingsfanan vajade i djupet.

II

Och koppornas svärm hann upp honom
slog ner på hans ansikte.
Han ligger och stirrar i taket.

Hur det roddes uppför tystnaden.
Nuets evigt rinnande fläck
nuets evigt blödande punkt.

TYSTNAD

Gå förbi, de är begravda…
Ett moln glider över solskivan.

Svälten är en hög byggnad
som flyttar sig om natten

i sovrummet öppnar sig en hisstrummas
mörka stav mot innandömena.

Blommor i diket. Fanfar och tystnad.
Gå förbi, de är begravda…

Bordssilvret överlever i stora stim
på stort djup där Atlanten är svart.

MIDVINTER

Ett blått sken
strömmar ut från mina kläder.
Midvinter.
Klirrande tamburiner av is.
Jag sluter ögonen.
Det finns en ljudlös värld
det finns en spricka
där döda
smugglas över gränsen.

EN SKISS FRÅN 1844

William Turners ansikte är brunt av väder
han har sitt staffli längst ute bland bränningarna.
Vi följer den silvergröna kabeln ner i djupen.

Han vadar ut i det långgrunda dödsriket.
Ett tåg rullar in. Kom närmare.
Regn, regn färdas över oss.

17 DIKTER
(1954) 7

I PRELUDIUM 9
Uppvaknandet är ett fallskärmshopp... 11

II HÖSTLIG SKÄRGÅRD 13
Storm 15
Kväll – morgon 16
Ostinato 17

III 19
Fem strofer till Thoreau 21
Gogol 23
Skepparhistoria 25
Strof och motstrof 26
Upprörd meditation 27
Stenarna 28
Sammanhang 29
Morgon och infart 30
I den forsande stäven är vila 31
Dygnkantring 32

IV SÅNG 33
Den vita skaran växte: måsar trutar 35

V 41
Elegi 43
Epilog 48

HEMLIGHETER PÅ VÄGEN
(1958) 53

I 55
Svenska hus ensligt belägna 57
Han som vaknade av sång över taken 59
Vädertavla 60
De fyra temperamenten 61
Caprichos 63

II 65
Siesta 67
Izmir klockan tre 68

III 69
Hemligheter på vägen 71
Spår 72
Kyrie 73

IV 75
En man från Benin 77
Balakirevs dröm 79

V 83
Efter anfall 85

VI 87
Resans formler 89

DEN HALVFÄRDIGA HIMLEN (1962) 93

I 95
Paret 97
Trädet och skyn 98
Ansikte mot ansikte 99
Klangen 100
Genom skogen 101
November med skiftningar av ädelt pälsverk 102

II 103
Resan 105
C-dur 107
Dagsmeja 108
När vi återsåg öarna 110
Från berget 112

III 113
Espresso 115

IV 117
Palatset 119
Syros 121
I Nildeltat 122

V 123
En simmande mörk gestalt 125
Lamento 126
Allegro 127
Den halvfärdiga himlen 128
Nocturne 129
En vinternatt 130

KLANGER OCH SPÅR (1966) 133

Porträtt med kommentar 135
Lissabon 137
Ur en afrikansk dagbok 138
Krön 140
Hommages 141
Vinterns formler 144
Morgonfåglar 147
Om Historien 149
Ensamhet 151
I arbetets utkanter 154
Efter någons död 156
Oklahoma 157
Sommarslätt 159
Skyfall över inlandet 160
Under tryck 162
Öppna och slutna rum 163
En konstnär i norr 164
I det fria 166
Långsam musik 169

MÖRKERSEENDE
(1970) 171

Namnet 173
Några minuter 174
Andrum juli 175
Med älven 176
Utkantsområde 178
Trafik 179
Nattjour 181
Det öppna fönstret 183
Preludier 185
Upprätt 187
Bokskåpet 189

ur STIGAR
(1973) 193

Till vänner bakom en gräns 195
Från snösmältningen -66 196
Skiss i oktober 197
Längre in 198
Posteringen 200
Längs radien 202
Markgenomskådande 204
Decemberkväll -72 205
Den skingrade församlingen 206
Sena maj 208
Elegi 209

ÖSTERSJÖAR
(1974) 211

I 213

II 215

III 218

IV 221

V 223

VI 227

SANNINGSBARRIÄREN
(1978) 231

I 233
Citoyens 235
Övergångsstället 236
Gläntan 237
Början på senhöstnattens roman 239
Till Mats och Laila 241
Från vintern 1947 243

II 245
Schubertiana 247

III 251
Galleriet 253

IV 259
Minusgrader 261
Båten – byn 262
Svarta bergen 263
Hemåt 264
Efter en lång torka 265
Skogsparti 266
Funchal 267

DET VILDA TORGET
(1983) 271

I 273
Kort paus i orgelkonserten 275
Från mars -79 278
Minnena ser mig 279
Vinterns blick 280
Stationen 281

II 283
Svar på brev 285
Isländsk orkan 286
Blåsipporna 287
Det blå huset 288

III 291
Satellitögon 293
Nittonhundraåttio 294
Svarta vykort 295
Eldklotter 296
Många steg 297
Postludium 298

IV 299
Drömseminarium 301
Codex 303
Carillon 306
Molokai 310

FÖR LEVANDE OCH DÖDA
(1989) 313

Den bortglömde kaptenen 315
Sex vintrar 317
Näktergalen i Badelunda 319
Alkaiskt 320
Berceuse 321
Gator i Shanghai 322
Djupt i Europa 324
Flygblad 325
Inomhuset är oändligt 326
Vermeer 329
Romanska bågar 331
Epigram 332
Kvinnoporträtt – 1800-tal 333
Medeltida motiv 334
Air Mail 335
Madrigal 337
Guldstekel 338

SORGEGONDOLEN
(1996) 343

April och tystnad 345
Osäkerhetens rike 346
Nattboksblad 347
Sorgegondol nr 2 348
Landskap med solar 352
November i forna DDR 353
Från juli 90 355
Göken 356
Tre strofer 357
Som att vara barn 358
Två städer 359
Ljuset strömmar in 360
Nattlig resa 361
Haikudikter 362
Från ön 1860 365
Tystnad 366
Midvinter 367
En skiss från 1844 368